나가누마 스쿨

취업 &
비즈니스
일본어

学校法人長沼スクール 東京日本語学校 編
小島美智子 監修   植木香・木下由紀子・藤井美音子 著

시사일본어사

はじめに

　本書は、日本国内または海外の日本企業に就職を希望する外国人の皆様が、「就職活動から入社当初にわたり必要となるビジネス日本語」を、短期間で、無理なく、確実に養えるよう配慮し、「教育実践で用いる教材」として作成したものです。
　このたび、韓国の日本語学習者向けに韓国語版を刊行する運びとなり、大変うれしく思っております。

　本書は元来、長沼スクール東京日本語学校ビジネス日本語コースの、4段階のレベルの最初のレベルにおいて使用するためのテキストとして開発したものが基になっております。2010年4月のコース開設から日々の授業で使用し、実践を通して効果を検証しながら、実際の学習者の日本語レベルに合わせ改良を重ねました。また、同時により効果的な指導法も模索して参りました。
　そのようなプロセスを通し、日本企業で働くために必要な最も基本的な項目を選び抜き、学習者の皆様に、確実に理解し身につけていただくことに重きを置いております。

　本書の特徴は、単にビジネス場面で必要とされる日本語能力だけでなく、入社後に必須の「社会人基礎力」がケーススタディなどを通して学べる内容も多く取り入れている点です。また、効果的な指導法の一例として「指導者用手引き」を用意しました。

　本書で学び、実際に日本企業に就職を果たした本校ビジネスコースの卒業生はこの7年間で200人以上に達しております。ビジネス日本語教育現場の必要性に応える本書が、韓国内で「ビジネス日本語」を指導されている大学や日本語学院などの教育機関、及び在韓の日本企業の皆様にもお役に立てれば幸いです。

　最後に、本書執筆にご協力いただいた内野英治さん、富澤芳夫さん、および本書出版にあたり編集者としてご尽力いただいた国書刊行会の佐藤純子さん、韓国語版の編集をご担当いただいた時事日本語社の趙恩馨さんに厚くお礼を申し上げます。

2018年5月
学校法人長沼スクール　東京日本語学校

머리말

본서는 일본 국내 또는 해외의 일본 기업에 취업하기를 희망하는 외국인 여러분이 '취업 활동부터 입사 초기에 필요한 비즈니스 일본어'를 단기간에 무리하지 않고 확실하게 익힐 수 있도록 고려하여 만든 '교육 현장에서 사용하는 교재'입니다.

이번에 한국의 일본어 학습자를 대상으로 한국어판을 출간하게 되어 대단히 기쁘게 생각합니다.

본서는 본래 나가누마스쿨 도쿄일본어학교의 '비즈니스 일본어 코스'의 4단계 레벨 중 첫번째 레벨에서 사용하기 위해 개발한 교재내용이 바탕이 되었습니다. 2010년 4월 코스 개설 이래 매일 수업에서 사용하여, 실전을 통해 효과를 검증해가며 실제 학습자의 일본어 수준에 맞추어 보완을 거듭했습니다. 동시에 보다 효과적인 지도법도 모색해 왔습니다.

그와 같은 과정을 통해 일본 기업에서 일하기 위해 필요한 가장 기본적인 항목을 선별하여 학습자 여러분이 확실하게 이해하고 습득하시는 것에 중점을 두었습니다.

본서의 특징은, 단지 비즈니스 현장에서 필요한 일본어 능력뿐 아니라 입사 시 반드시 필요한 '직장인으로서의 기본적인 자세'에 대해, 사례 연구를 통해 배울 수 있도록 풍부한 내용을 수록했다는 점입니다. 아울러 효과적인 지도법의 일례로서 '교사용 지도서'를 준비했습니다.

본서에서 배우고 실제로 일본 기업에 취직을 한 본교 비즈니스 코스의 졸업생은 최근 7년동안 200명 이상에 달합니다. 비즈니스 일본어 교육 현장의 필요성에 부응하는 본서가, '비즈니스 일본어'를 지도하고 계시는 대학이나 일본어 학원 등의 교육 기관, 그리고 주한 일본 기업의 여러분들께 도움이 되시길 바랍니다.

마지막으로 본서의 집필에 도움을 주신 우치노 에지님, 토미자와 요시오님, 그리고 본서를 출판함에 있어 편집자로서 수고해 주신 국서간행회의 사토 준코 님, 한국어 출판의 편집을 담당해주신 시사일본어사의 조은형 님께 진심으로 감사의 말씀드립니다.

2018년 5월
학교법인 나가누마스쿨 도쿄일본어학교

목차

머리말 2
이 책을 사용하시는 분들께 6

I 일본 회사에 입사하기 9

1. 자기소개 11
2. 자기분석 15
3. 업계 · 업종 · 직종 21
4. 근무 조건 27
5. 자기 P R 31
6. 지원 동기 35
7. 이력서 · 송부장 39
8. 면접 보는 법 49

II 비즈니스 일본어 익히기 57

1. 경어 59
2. 인사 67
3. 전화 받기 73
4. 전화 걸기 83
5. 전화로 약속 잡기 93
6. 방문 99
7. 비즈니스 메일 111

III 직장인의 기본 자세 익히기 … 119

1. 보고 · 연락 · 상담 (報 · 連 · 相) … 121
2. 사례 연구 ① … 125
3. 사례 연구 ② … 129

▲ CAN-DO 체크리스트 … 133

별책

해답 · 해설 … 2
주요 어휘 … 16
WORK SHEET … 32

이 책을 사용하시는 분들께

I 대상 학습자

이 책은 중급을 마스터하거나 일본어능력시험 N2를 합격한 학습자의 수준에 맞춘 교재입니다.

II 구성

이 책은 다음과 같이 구성되어 있습니다.
- **본책**
- **워크시트**: 별책에 수록되어 있습니다.
- **해답·해설**: 별책에 수록되어 있습니다.
- **교사용 지도서**: 책을 구입하시는 분께서는 홈페이지 다운로드를 통해 사용하실 수 있습니다. 별도 신청이 필요하므로 시사일본어사 홈페이지(http://www.sisabooks.com/jpn/) 자료실에서 신청해 주세요.
- **음성 파일**: 시사일본어사 홈페이지에서 무료다운로드 가능합니다.

III 책의 내용

본 책은 크게 세부분으로 구성되어 있습니다.
각 과의 내용은 독립된 형식으로 구성되어 순서와 무관하며, 단계별 학습 형식이 아니므로 필요에 따라서 어느 과부터 학습해도 상관없습니다.

① 일본 회사에 입사하기 (구직활동 능력 습득)
　일본 회사에 취직하기 위해 기본적으로 필요한 지식을 습득하고 실전 능력을 키우기 위한 내용을 학습합니다.
　자기소개, 자기분석, 업계·업종·직종, 근무 조건, 자기PR, 지원 동기, 이력서·송부장·면접 보는 법

② 비즈니스 일본어 익히기 (업무적인 일본어 능력 습득)
　취업 준비부터 입사 초기에 도움이 되는, 비즈니스 현장에서 실제로 많이 사용되는 일본어를 학습합니다.
　경어, 인사, 전화, 방문, 비즈니스 메일

③ 직장인의 기본 자세 익히기 (직장인 기초 능력 육성)
　직장인으로서 익혀두어야 할 기본적인 자세 및 사고방식, 관습에 대해 학습합니다.
　보고·연락·상담, 사례 연구

Ⅳ 목적, 목표, CAN-DO 체크리스트

각 과의 서두에 '배우는 목적'과 '달성목표 체크'를 제시하여 학습자의 목표 의식을 고취하고 있습니다. 또한 권말에 CAN-DO 체크리스트를 게재하여 달성도를 스스로 확인할 수 있도록 했습니다.

Ⅴ 워크시트 (WORK SHEET)

본 책에서 학습한 내용의 요약이나 복습을 하기 위해 필요한 과에서는 워크시트를 추가했습니다. 학습자가 완성한 과제를 교사 또는 지도자에게 잘라서 제출하여 확인을 받을 수 있도록 했습니다.

Ⅵ 해답·해설

본 교재는 일본어학교나 전문학교 등의 교육 기관의 수업에서는 교사의 지도 하에, 기업에서는 지도자의 지도 하에 사용되는 것이 바람직하지만, 학습자가 독학으로 사용할 수 있도록 본문 내의 문제에 대한 해답 예를 별책에서 제시했습니다.

Ⅶ 교사용 지도서

다양한 환경에서 이 책을 사용하시는 분들을 위해 '교사용 지도서'를 작성했습니다. 기본적으로 한 과당 90분 또는 180분으로 끝낼 수 있도록 만들어져 있습니다. 그러나 시간이 충분하지 않은 환경이라면 필요한 부분만 골라 사용할 수 있습니다. 반대로 시간적으로 여유있는 환경이라면 보다 상세하고 심도있게 지도할 수 있습니다.

Ⅷ 음성 파일

회화 예에서는 원어민의 자연스러운 억양, 발음을 익힐 수 있도록 MP3 음성 파일이 제공됩니다. 음성이 제공되는 부분에는 「音声ダウンロード」 마크를 표시했습니다.

Ⅸ 주요 어휘

각 과의 서두에 제시되어 있는 '이 과에서 기억할 단어'를 포함해 주요 어휘들을 정리하여 한국어로 뜻을 표기했습니다. 학습 중에 생소한 단어가 나올 때 별책의 주요 어휘 리스트에서 바로 확인할 수 있습니다.

주요 등장인물

トム・クラーク

アメリカ人　男性　26歳
渋谷日本語学校　ビジネス日本語科　学生
⇒株式会社渋谷物産営業部　社員

林　怡思（りん　いし）

中国人　女性　27歳
株式会社渋谷物産営業部　社員
（渋谷日本語学校　ビジネス日本語科卒業）

山川　広（やまかわ　ひろし）

株式会社渋谷物産営業部　部長

本田　一郎（ほんだ　いちろう）

ＡＢ商事株式会社総務部　課長

渋谷物産営業部

社員たち（3人）

佐藤　純（さとう　じゅん）

株式会社ＣＤ貿易営業部　社員

I

일본 회사에 입사하기

1. 자기소개 11
2. 자기분석 15
3. 업계・업종・직종 21
4. 근무 조건 27
5. 자기 PR 31
6. 지원 동기 35
7. 이력서・송부장 39
8. 면접 보는 법 49

就職活動を成功させるための
知識と実践力を
身につけましょう！

> Ⅰ 일본 회사에 입사하기

1 자기소개 自己紹介(じこしょうかい)

배우는 목적
就職活動(しゅうしょくかつどう)（就活(しゅうかつ)）の面接(めんせつ)で、自己紹介(じこしょうかい)ができるようになる

구성
1. 経歴(けいれき)を整理(せいり)する
2. 話し方を考える
3. 自己紹介する
4. 課題(かだい)（自己紹介を書く）

달성목표 체크

自信あり
☐ 学歴(がくれき)、職歴(しょくれき)などを簡潔(かんけつ)に述(の)べ、熱意(ねつい)が伝(つた)えられる

自信あり
☐ ビジネス場面にふさわしい表現(ひょうげん)が使える

 이 과에서 기억할 단어

| 自己紹介(じこしょうかい) | 就活(しゅうかつ) | 経歴(けいれき) | 学歴(がくれき) | 職歴(しょくれき) | 簡潔(かんけつ)な | 熱意(ねつい) |
| 出身国(しゅっしんこく) | 最終学歴(さいしゅうがくれき) | 専攻(せんこう) | 勤務(きんむ) | 御社(おんしゃ) | 活(い)かす | 貢献(こうけん) |

1 경력 정리하기 (経歴を整理する)

▶ 右のページの 표현 예 を参考にしながら、❶〜❻をまとめましょう。

❶ 出身国・出身地

_____

❷ 最終学歴・専攻

_____

❸ 卒業後の経歴（ない場合は、在学中に力を入れた活動などについて）

_____

❹ 日本に来ることになった理由

_____

❺ 日本に来てからの経歴

_____

❻ まとめの文章（その会社に入りたいという熱意を伝える）

_____

표현 예

① 出身国・出身地
- ○○（国名）の○○市出身です。／○○（国名）から参りました。

② 最終学歴・専攻
- 国の大学で○○を専攻しました。／大学の専攻は○○です。

③ 卒業後の経歴（ない場合は、在学中に力を入れた活動などについて）
- 卒業後○○（業種または会社名）で○○（職種）として○年勤務しました。
- 在学中に○○（業種または会社名）で1年間 { インターンシップ／アルバイト } の経験があります。
- 卒業後1年間兵役に就きました。

④ 日本に来ることになった理由
- { 日本語能力を高めるため／日本で働きたいと思って／家族の仕事の関係で }、日本に参りました。

⑤ 日本に来てからの経歴
- 現在日本語学校で1年勉強しております。
- 日本語学校で勉強しながらアルバイトをしています。

⑥ まとめの文章（その会社に入りたいという熱意を伝える）
- ぜひ御社で働かせていただきたいと思います。どうぞよろしくお願いいたします。
- 大学で勉強したことを活かして御社に貢献できるよう頑張ります。どうぞよろしくお願いいたします。
- これまでの経験を活かし御社に貢献したいと思います。どうぞよろしくお願いいたします。

▶ どこが違いますか？

アメリカから来たトムです。
えっと、趣味はおいしいものを食べること。
今度一緒に飲みに行きましょう。よろしく！

私、トム・クラークと申します。アメリカのニューヨーク出身です。
大学で経済を専攻しました。
卒業後は自動車メーカーで3年間営業として勤務しました。
現在、日本語学校でビジネス日本語を勉強しております。
これまでの経験を活かし御社に貢献できるよう頑張ります。
どうぞよろしくお願いいたします。

2　말투 살펴보기 (話し方を考える)

▶ 以下のことに注意して話しましょう。

- 明るくはっきりと話しはじめる
- 名前はフルネーム、カタカナで書いた通りの発音でゆっくりと言う
- 姓と名の間をあけて言う
- たくさんのことを言いすぎない
- 最後は「ぜひ入社したい」という気持ちを込めて話す
- 「どうぞよろしくお願いいたします」や「以上です」で終える

🚩 口癖にも気をつけましょう。

3　자기 소개하기 (自己紹介する)

▶ p.16 ❶の❶〜❻のメモに基づいて 30 秒〜 1 分で話しましょう。

4　(과제) 자기소개 쓰기 (自己紹介を書く)

▶ 自己紹介がいつでもできるように、清書しましょう。

WORK SHEET ①　➡

Ⅰ 일본 회사에 입사하기

2 자기분석 自己分析

배우는 목적
1　自分がやりたい仕事について考える
2　エントリーシートや履歴書、面接で自分を上手にアピールする

구성
1 自分の強みを知る
2 自分の長所・短所を知る
3 自分の志向を知る
4 自分がやりたい仕事を考える
5 課題（長所・短所・これまでで一番頑張ったことを書く）

달성목표 체크

自信あり
☐ 今までの自分をふり返り、これからやりたい仕事とその理由について説明できる

自信あり
☐ 自分の長所や短所について説明できる

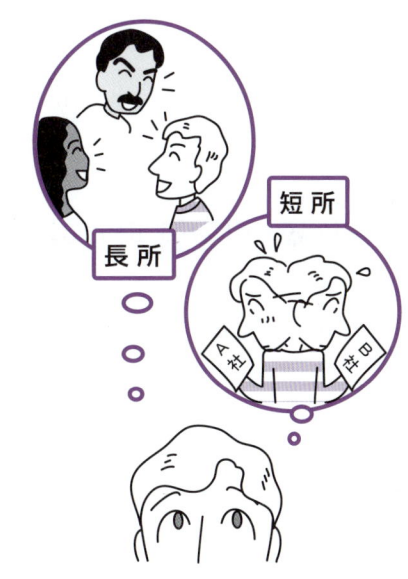

이 과에서 기억할 단어

自己分析	エントリーシート	履歴書	面接	強み
長所	短所	志向	頑張る	言語	専門	資格
業務	特技	興味	関心	やりがい

1 자신의 강점 파악하기 (自分の強みを知る)

▶ 仕事で役立つ可能性があるものについて、書き出してみましょう。

海外生活の経験	🚩 アメリカ留学○年など
話せる言語	
専門・専攻	
資格など	🚩 仕事に活かせる資格、語学検定など
業務経験 その他の経験	🚩 その他　ボランティア、部活動、兵役など
特技	

2 자신의 장단점 파악하기 (自分の長所・短所を知る)

▶ 学生時代から現在までをふり返り、自分の性格と、一番頑張ったことについて書き出してみましょう。

長所	
短所	
一番頑張ったこと	🚩 いつ、どこで、誰と、何をしたか、結果はどうだったか
その経験から学んだこと	

장점을 나타내는 표현

▸ 他に自分に合う言葉があれば、空欄に書きましょう。

柔軟性がある	適応力がある	行動力がある	落ち着きがある
協調性がある	向上心がある	計画性がある	コツコツ努力する
冷静な	前向きな	好奇心旺盛な	真面目な
何事にも積極的な	粘り強い	諦めない	責任感が強い

표현 예

- 私の長所は_____ところです。

- 私は_____性格です。

단점을 나타내는 표현

▸ 他に自分に合う言葉があれば、空欄に書きましょう。

慎重すぎる	考えすぎる	細かいことが気になる	細かいことを気にしない
せっかちな	優柔不断な	頑固な	のんびりしている
心配性な	お人好しな	理屈っぽい	緊張しやすい

표현 예

- 私は少し_____ところがあります。

3 자신이 지향하는 가치 파악하기 (自分の志向を知る)

▶ できるだけ多く自分に当てはまることを挙げましょう。

❶
好きなもの、好きなこと、興味や関心のあることを挙げてみましょう。

例 コーヒー
　　ファッション
　　環境問題
　　体を動かすこと……

❷
やりがいを感じること、喜びを感じること、やっていて楽しいことを挙げてみましょう。

例 難しいことにチャレンジすること
　　目標を達成すること
　　知らないことを知ること
　　人と話すこと……

- それを仕事にしたいと思いますか？
- それを仕事にすることはできますか？

▶ 上で挙げた中から１つを選び、ペアになってＱ＆Ａをしてみましょう。

相手にさまざまな質問をし、相手が本当にやりたいことに気づけるようサポートしましょう。

❸　Q＆A 예

Q：○○さんが一番やりがいや喜びを感じることは何ですか。	A：私は知らないことを知るのが楽しいです。
Q：それはなぜですか。	A：今まで知らなかったことを知ると、世界が広がるからです。
Q：どんな方法で知らないことを知りますか。	A：人に聞いたり、ネットで調べたり……。
Q：時間がかかってもいいですか。	A：はい。
Q：どうしてですか。	A：時間がかかったぶん、知った時の喜びは大きいです。
Q：大変だけど楽しいと感じるのですか。	A：はい。
Q：なるほど。調べることが好きなんですね。	A：（確かに調べることが好きだなあ）

4 자신이 하고 싶은 일 생각하기 (自分がやりたい仕事を考える)

▶ ①~③で考えた、自分がやりたい仕事の内容について書いてみましょう。
「ＩＴ業界」、「営業職」、「人と接する仕事」など、形式は自由です。

```
(理由)                          (どんな？)
_____ から _____ (仕事が)したい。
```

例1 数字を扱うのが好きだから、経理の仕事がしたい

例2 人と話すのが好きで、目標達成したときにやりがいを感じるから、営業の仕事がしたい

例3 さまざまな国の人と接したいから、ホテルの仕事がしたい

자기분석의 방법 (自己分析の方法)

　自己分析の方法は様々ですが、この課で取り上げた以外にも以下のようなものがあります。

- **自分史を書く**
  子供のころ・中学高校時代・大学時代・卒業後に、好きだったこと・頑張ったこと・つらかったことなど、「自分にとって影響が大きかった出来事」を挙げ、その理由と、そこから得られたものなどを書くと、今の自分を形成しているものがわかります。

- **マインドマップを作る**

🚩 自分で考えるだけでなく、周りの人に聞いてみることも大切です。

5 과제(課題)

▶ 履歴書やエントリーシートに書く時や、面接で聞かれた時に話せるように、ワークシートにまとめてみましょう。

장점 (예시)

私の長所は **1** 最後まで諦めないところです。
　私は前職で営業の仕事をしていた時、**2** なかなか契約が取れなかったのですが、諦めずに何度も取引先を訪ね、詳しく商品の説明をした結果、契約を取ることができました。

1 聞き手に伝わりやすくなるようにまず結論（自分の長所）を言う
2 具体的な例（どんな時にその性格がわかるか／実際の経験）

단점 (예시)

私は **1** 少し心配性なところがあります。だからこそ、失敗しないように、いつも **2** 十分に準備するようにしています。そのため、**3** 効率的に仕事を進めることができます。

1 まず結論（自分の短所）を言う
2 対処法・努力していること
3 見方を変えれば長所にもなることも伝える

> 🚩 「時間にルーズ」など、仕事にとって非常にマイナスになることは避ける。
> 　短所は「〜です」と断定せず、「少し〜ところがあります」のように言うと、柔らかく聞こえる。

지금까지 가장 열심히 한 일 (예시)

- まず何をしたのか、ひと言で話す。 **例** 私が一番頑張ったことは、ボランティア活動です。
- 次に、いつ、どこで、誰と、何をしたかについて簡潔に説明する。
- そして、何が大変だったか、それをどのように乗り越えたか、結果はどうだったか、その経験から何を学んだかを話す。

WORK SHEET ② ➡

업계・업종・직종 業界・業種・職種

Ⅰ 일본 회사에 입사하기

배우는 목적
1　業界・業種・職種の基本的な構造・名称を知る
2　どの業界に、どのようなニーズがあるかを探る

구성
1. 業界・業種・職種
2. 業界の種類
3. 仕事の種類
4. 業界・企業研究の方法
5. 課題（業界調査）

달성목표 체크

自信あり
☐　自分が目指す業界・業種・職種について、述べることができる

이 과에서 기억할 단어

業界　業種　職種　企業　目指す　金融　保険　証券
営業　事務　経理　人事　製造　商社　販売　開発　調達
物流　就労　申請　特徴　検索　仕組み　現状　動向

1 업계·업종·직종 (業界・業種・職種)

▶ それぞれの内容について確認しましょう。

業界	同じ産業に関係する人々の世界
業種	商業・工業などの事業の種類
職種	業務の内容で分けた仕事の種類

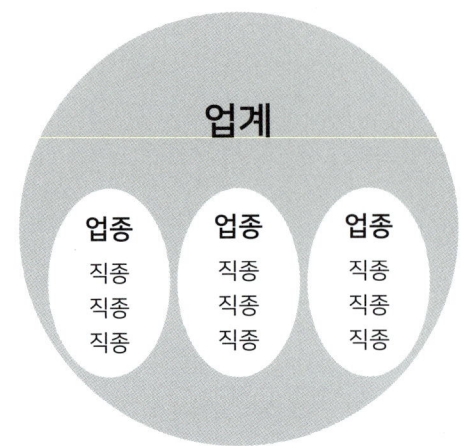

例 業界・業種の分類方法はいくつかあります。

産業による分類		商品による分類	
業 界	金融業界	業 界	自動車業界
業 種	銀行、保険、証券、リースなど	業 種	製造業（メーカー）、商社、販売業（ディーラー）など
職 種	営業、事務、経理、人事など	職 種	開発、製造、調達、物流、営業、事務、経理など

▶ 日本の代表的な業界や業種名を挙げてみましょう。

2 업계의 종류 (業界の種類)

▶ 業界は大きく分けると「モノを作る業界（製造業）」と「それ以外の業界（非製造業）」に分類されます。それぞれの業界の中に業種があります。あなたの希望する業界・業種を探してみましょう。

モノを作る業界 （製造業）	食品	モノを売る業界	百貨店・スーパー・コンビニエンスストア
	農林・水産		専門店
	建設	サービスを提供する業界	不動産
	住宅・インテリア		交通
	繊維・紙パルプ		運輸
	化学・石油		外食産業
	薬品・化粧品		ホテル・旅行・観光
	鉄鋼・鉱業		人材サービス
	機械・プラントエンジニアリング		教育
	電子・電気機器		医療・福祉
	自動車・輸送用機器		保安・警備
	精密・医療用機器	情報を発信する業界	新聞
	印刷・事務機器関連		出版・広告
モノやお金を動かす業界	銀行		放送・通信社
	証券・投資信託委託		ソフトウェア・情報処理
	生命保険・損害保険		通信・ネットワーク
	商社		ネット関連技術

（独立行政法人 日本学生支援機構発行「外国人留学生のための就活ガイド 2019」をもとに作成）

3　업무의 종류 (仕事の種類)

▶ 行きたい業界が決まったら、そこでどんな仕事をしたいか考えましょう。下の9つの中から系列を選び、その中でやりたい職種を挙げてみましょう。

職種系列リスト (직종 계열 리스트)

事務・管理系

総務・人事・労務　経理・会計・財務　法務・審査・特許　物流・在庫管理
貿易事務・海外事務　一般事務・秘書・受付

企画系

宣伝・広報　調査研究・マーケティング　企画・商品開発　経営企画

営業系

営業（新規開拓メイン）　営業（既存顧客メイン）　営業推進・販売促進

技術・研究系

基礎研究　応用研究・技術開発　生産・製造技術　品質・生産管理・メンテナンス
建築土木設計・測量・積算　施工管理　機械・電子機器設計

専門系

MR　薬剤師　医療技師・看護師　栄養士　福祉士・介護士・ホームヘルパー　保育士
講師・インストラクター　経営コンサルタント　ITコンサルタント　専門コンサルタント
ファイナンシャルアドバイザー　翻訳　通訳　アナウンサー

販売・サービス系

販売スタッフ・接客　店長　スーパーバイザー　バイヤー　エステティシャン

金融系

為替ディーラー・トレーダー　融資・資産運用マネージャー　証券アナリスト　アクチュアリー

クリエイティブ系

編集・制作　記者・ライター　デザイナー　ゲームクリエイター

IT系

プログラマー　SE（システムエンジニア）　ネットワークエンジニア　カスタマーエンジニア
システム保守運用　システムコンサルタント　セールスエンジニア　カスタマーサポート

（独立行政法人 日本学生支援機構発行「外国人留学生のための就活ガイド 2019」をもとに作成）

⚑ それぞれの業界・職種の仕事内容については、独立行政法人 日本学生支援機構発行「外国人留学生のための就活ガイド 2019」を参照してください。

▶ 自分が関心を持っている業界・業種・職種をまとめましょう。

🚩 それぞれ、一つでなくてもいいです。どのような順番で考えてもいいです。

❶ 業界 _____

❷ 業種 _____

❸ 職種 _____

❹ ❶〜❸を選んだ理由

_____

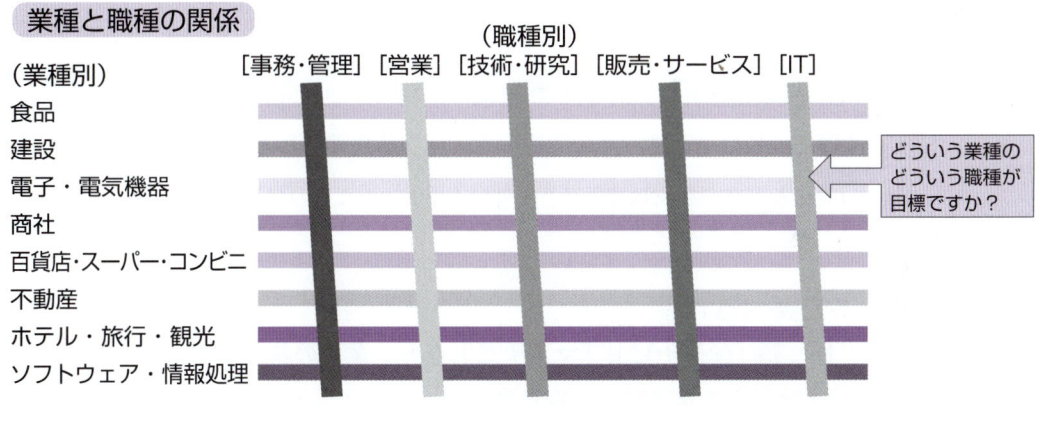

業種と職種の関係

(業種別) ／ (職種別) [事務・管理] [営業] [技術・研究] [販売・サービス] [IT]
食品
建設
電子・電気機器
商社
百貨店・スーパー・コンビニ
不動産
ホテル・旅行・観光
ソフトウェア・情報処理

どういう業種のどういう職種が目標ですか？

コラム

就労ビザがとれるのはどんな仕事？

在留資格(技術・人文知識・国際業務)
- 自然科学の分野または人文科学の分野に属する技術や知識を要する業務
- 外国の文化に基盤を持つ思考または感受性を必要とする業務

参考：入国管理局ホームページ

🚩 自分がやりたい仕事で就労ビザを申請できるか確認しましょう。

4　業界・企業研究の方法 (業界・기업 연구의 방법)

▶ 希望する業界・企業が決まったら、くわしく調べてみましょう。

業界の基本的な情報、現在の状況、将来（これからどうなっていくか）を知っておくことは、就職活動で非常に大切なことです。

業界・企業研究の手法 (업계・기업 연구의 방법)

1	社会や経済の動向を知る

↓ 新聞や雑誌、ニュースなどを見て情報収集しましょう。

2	どのような業界があるかを広く知る

↓ インターネットや書籍を利用して調べましょう。

3	興味ある業界や自分に合いそうな業界を見つける

↓ 自分の長期的なキャリアビジョンと、業界の特徴との相性を考えましょう。

4	興味のある業界と関連のある周辺の業界についても調べる

↓ 興味のある業界の周辺の業界を調べることにより、志望する業界の幅を広げましょう。

5	志望する業界を絞り込み、その業界と企業について個別に研究する

志望する業界を決めたあとは、その業界にどのような企業があるか調べましょう。

（独立行政法人 日本学生支援機構発行「外国人留学生のための就活ガイド 2019」をもとに作成）

조사 방법

❶ インターネットで調べる
- 就職情報サイト　例「学情ナビ」、「マイナビ」など　業界の特徴が簡潔にまとまっている
- 検索サイト　キーワード例 業界研究、業界基礎知識、○○業界の仕組み／現状／動向 など

❷ 書籍・雑誌・新聞で調べる
- 書籍　例『日経業界地図』（日本経済新聞社）　最新情報がまとまっている
- 雑誌　例『日経ビジネス』（日本経済新聞社）、『東洋経済』（東洋経済新報社）などのビジネス雑誌
- 新聞　例「日本経済新聞」（日本経済新聞社）などの主要紙　経済面、企業面などを見る

5　(과제) 업계 조사하기 (業界調査をする)

▶ あなたが行きたい業界について調べ、まとめましょう。

WORK SHEET ③ ➡

4 근무 조건 勤務の条件

I 일본 회사에 입사하기

배우는 목적
求人情報を読み、自分の希望に合うかどうか、判断できるようになる

구성
1. 雇用形態
2. 雇用形態による勤務条件の違い
3. 福利厚生、その他の保障について
4. 勤務条件の見方
5. 課題（勤務条件を調べる）

달성목표 체크

自信あり

☐ 日本の会社の勤務条件（給与・手当・福利厚生など）について理解できる

🍀 이 과에서 기억할 단어

求人	雇用形態	勤務条件	福利厚生	保障	給与	手当
役員	正社員	非正規社員	取締役会	専務	常務	
監査役	管理職	契約社員	派遣社員	請負	社会保険	
賞与	有給休暇	昇格	昇給	厚生年金	雇用保険	
補償	労災（労働災害）		基本給	試用期間	就業時間	
介護	年金	研修	保養施設	額面	手取り	採用

1 고용 형태 (雇用形態)

▶ 一般的な日本企業の構造の特徴を理解しましょう。

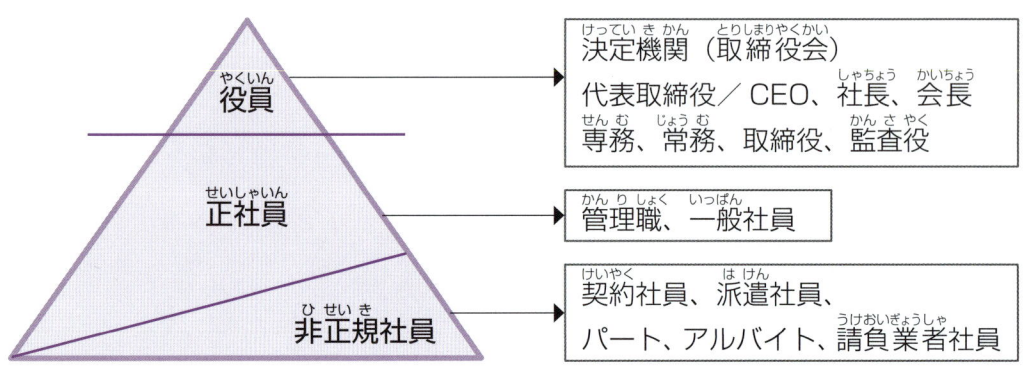

2 고용 형태에 따른 근무 조건의 차이 (雇用形態による勤務条件の違い)

○ ＝就労ビザの対象
△ ＝働き方による
× ＝対象外

▶ 次の雇用形態に関する表を見て、後の質問に答えましょう。

	契約形態	給与	休日／社会保険	メリット・デメリット	就労ビザ
正社員	・終身雇用契約（定年まで働ける）	月給＋賞与（ボーナス）	・（完全）週休2日＋有給休暇 ・社会保険あり	・責任ある仕事を任される ・福利厚生がある ・昇格・昇給あり	○
契約社員	・一定期間の雇用契約（1〜3年が多い）	月給＋賞与	・（完全）週休2日＋有給休暇 ・社会保険あり	・福利厚生は会社による ・契約継続、昇格は保証なし	○
派遣社員	・派遣会社との雇用契約 ・派遣先で仕事をする	日給または時給が多い	派遣会社の規定に従う	・就労ビザの対象になる場合とならない場合がある ・就業時間、期間など自分の都合に合わせられる	△
アルバイト パート	・勤務先との雇用契約 ・非専門的な仕事	日給または時給	・有給休暇なし ・社会保険なし（条件を満たせば加入もあり）	・就業時間、期間など自分の都合に合わせられる ・キャリアになりにくい	×

▶ 上の表は一般的な条件です。

해답 별책 p.5

質問1　就労ビザが取得できるのは、どのような社員ですか。　_____

質問2　正社員と契約社員の大きな違いは何ですか。　_____

3　복리후생 , 기타 보장에 대하여 (福利厚生、その他の保障について)

▶ 「福利厚生」とは何か、確認しましょう。

　　社会保険や休暇制度も含め、企業が、従業員やその家族の健康や生活を向上させるために、賃金・給与に加えて提供するもので、保養施設を利用できるなど企業独自の制度もあります。

▶ 「社会保険」にはどのようなものがあるか、確認しましょう。

　　社会保険は、一定の要件（企業の規模や就労時間などによる）に当てはまる人が強制加入するのが原則です。企業に勤める人は、下記のような保険に加入します。健康保険・厚生年金保険・雇用保険は企業が本人と同額を負担しています。

種類	保険の内容	納付方法
医療保険 　健康保険（全国健康保険協会や各社会保険組合）	病気やけがをした人のための保険	給与から差し引かれる
年金保険 　厚生年金保険	老後に一定の金額を受け取るための保険	給与から差し引かれる
介護保険	原則として、介護が必要な高齢者のための保険 40歳以上が対象	給与から差し引かれる
雇用保険	失業をした時の保険	給与から差し引かれる
労働者災害補償保険 （略称：労災保険）	業務中や通勤時の労働災害のための保険	企業が全額負担

🚩その他、医療保険には「国民健康保険」、年金保険には「国民年金保険」がありますが、これらは主に自営業やパートの人のための保険で、個人で保険料を納付します。

4　근무 조건을 보는 법 (勤務条件の見方)

▶ 次の例から、具体的な勤務の条件を読み取り、後の質問に答えましょう。

株式会社渋谷物産　勤務条件

基本給	月給　200,000円	雇用形態	正社員
試用期間	3ヶ月　（試用期間中は、時給1,000円）		
諸手当	資格手当、役職手当、家族手当、住宅手当、通勤手当、残業手当、休日出勤手当　など		
賞与	年2回（6月、12月）	昇給	年1回（4月）
就業時間	通常　9：00〜18：00		
休日	完全週休2日制・祝祭日・年末年始		
福利厚生制度	休暇	有給休暇、産前産後休暇、育児休業制度、介護休業制度、忌引	
	社会保険	健康保険、厚生年金保険、雇用保険、労災保険　など	
	研修	新入社員研修、営業社員研修、幹部社員研修、語学研修	
	寮	独身寮	
	保養施設	箱根荘	

質問1　どんな手当があればいいと思いますか。

質問2　日本とあなたの国で違う点はありますか。

▶ 次の言葉は給与に関してよく使われます。意味を確認しましょう。

- **額面**　「額面金額」の略。給与から保険・年金・税金などを引く前の金額。
- **手取り**　給与などから税金その他を差し引いた、実際に受け取る金額。

5　(과제) 근무 조건 조사하기 (勤務条件を調べる)

▶ 自分の興味のある企業の採用情報を見て、まとめましょう。

WORK SHEET ④

5 자기 PR 自己PR

Ⅰ 일본 회사에 입사하기

배우는 목적
面接で、自己ＰＲができるようになる

구성
1. 自己ＰＲを考える
2. 課題（自己ＰＲを書く）

달성목표 체크

自信あり
□ 自分の強みについて、適切な言葉や数字・データなどを使って述べることができる

 이 과에서 기억할 단어

自己ＰＲ　　成果　　取引先　　ニーズ

1 자기 PR 생각하기 (自己PRを考える)

▶ 空欄に入る言葉を考えてみましょう。

「自己紹介／自己PRをお願いします」と言われたら、どのようなことを話しますか。

「自己紹介」は＿＿＿＿＿＿＿を、「自己PR」は＿＿＿＿＿＿＿を述べる。

해답 별책 p.5

▶ 「自己分析」で考えたことを参照して以下の❶～❸について考えてみましょう。

❶ あなたの強みは何ですか。

私の強みは＿＿＿（こと）です。

표현 예
- 私は＿＿＿＿（力）があります
- 私は＿＿＿＿ができます
- 私の強みは＿＿＿＿（の）経験で身につけた＿＿＿＿（力）です。

❷ ❶で選んだ強みは、いつ、どのような状況で、どのようにして身につけましたか。

いつ ＿＿＿＿＿＿＿＿＿＿＿＿＿＿＿＿＿＿＿＿＿＿＿＿＿＿＿＿＿＿＿＿
どのような状況で ＿＿＿＿＿＿＿＿＿＿＿＿＿＿＿＿＿＿＿＿＿＿＿
どのように身につけたか ＿＿＿＿＿＿＿＿＿＿＿＿＿＿＿＿＿＿＿
＿＿＿＿＿＿＿＿＿＿＿＿＿＿＿＿＿＿＿＿＿＿＿＿＿＿＿＿＿＿＿＿
どのような成果をあげたか ＿＿＿＿＿＿＿＿＿＿＿＿＿＿＿＿＿
＿＿＿＿＿＿＿＿＿＿＿＿＿＿＿＿＿＿＿＿＿＿＿＿＿＿＿＿＿＿＿＿

🚩 数字やデータを入れると説得力が増します。

例 3年間の営業経験があります。　　　　顧客100社を担当しました。
　　1時間早く出社してチェック作業をしました。
　　大学の生徒会長として1年間生徒会の運営をしました。

❸ あなたがやりたい仕事は何ですか。❷の強みをその仕事でどんな時に活かせますか。

やりたい仕事	_____
どう活かすのか	_____

▶ ❶から❸をつなげて、1分程度で話す練習をしましょう。話した後で以下の点をチェックしましょう。

> **체크포인트**
> - 結論から話しているか。
> - エピソードはわかりやすいか。
> - 成果が具体的に数字などで表されているか。
> - やりたい仕事と自分の強みが合っているか。
> - 自信を持ってはっきりと話しているか。

「自分のよさ」を「自分の言葉」でアピールしましょう！

> 자기 PR (예시)

（自分の強みをひと言で）
　私の強みは、**1**一歩早く行動する力です。

（エピソード）
　以前、御社の製品を扱う店舗で、棚の整理とレジ担当のアルバイトをしました。アルバイトを始めてから**2**最初の1週間で約100種類のボールペンの特徴を、**3**お客様に聞かれても答えられるようにノートにまとめて覚えました。また、よく売れている製品をこまめにチェックし、品切れにならないよう、棚に補充することを心がけました。店長に、**4**『先を読んで一歩早く行動する姿勢がいい』と評価していただきました。この経験から、「明日のために今日何をすべきか」という、一歩早く行動する力を身につけることができました。

（どう活かすか）
　御社の海外営業の仕事でこの力を活かし、取引先のニーズをつかみ、製品のよさを伝えたいと思います。

(글자수 250~300 자 정도)

▶ 下線の **1**～**4** は、以下の内容が書かれています。

1 結論
2 数字やデータ
3 どのように行動したか
4 どのような成果をあげたか

2　(과제) 자기 PR (自己ＰＲを書く)

▶ 自己ＰＲを清書しましょう。

WORK SHEET ⑤ ➡

6 지원 동기 志望動機(しぼうどうき)

배우는 목적
面接(めんせつ)で、志望動機(しぼうどうき)が話(はな)せるようになる

구성
1. 志望動機を考える
2. 課題(かだい)（志望動機を書く）

달성목표 체크

自信あり
☐ なぜその業界(ぎょうかい)（業種(ぎょうしゅ)）・企業(きぎょう)・職種(しょくしゅ)を志望しているのか、述(の)べることができる

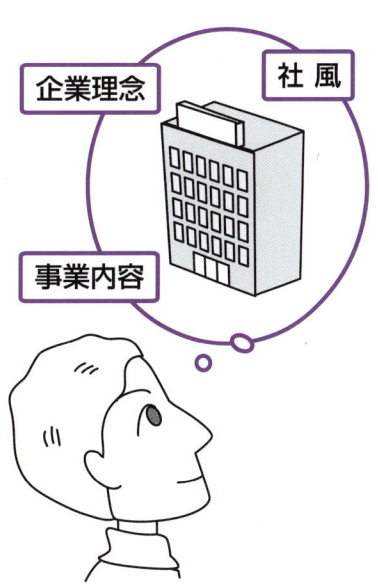

🌸 이 과에서 기억할 단어

志望動機(しぼうどうき)　特長(とくちょう)　社風(しゃふう)　共感(きょうかん)　理念(りねん)　事業(じぎょう)　根拠(こんきょ)
魅力(みりょく)　市場(しじょう)　発揮(はっき)　開拓(かいたく)

1 지원 동기 생각하기 (志望動機を考える)

▶ 空欄に入る言葉を考えてみましょう。

「志望動機をお願いします」と言われたら、どのようなことを話しますか。

_____を述べる。

해답 별책 p.5

▶ 以下の❶～❷について考えてみましょう。

❶-1　なぜその国で働きたいのか　　　（国名：　　　　　　　　）

_____

_____

❶-2　なぜその業界（業種）で働きたいのか　　　（業界：　　　　　　　　）

_____

_____

❷-1　なぜその企業に入りたいのか　　　（企業名：　　　　　　　　）

_____

企業を選んだ理由はさまざまな点から述べることができます。
以下の例などから考えてみましょう。

例
- 会社の特長／他社との違い／社風：御社が_____からです。
- 共感した企業理念：御社の_____に共感したからです。
- 今後力を入れる事業：御社が今後_____に力を入れることを

  知り、_____からです。
- その他：_____からです。

❷-2　❷-1についての詳しい説明（具体的な例、エピソード、根拠など）

_____
_____
_____

❷-3　その企業に入ってどんなことをやりたいか

_____
_____
_____
_____

▶ ❷-1から3をつなげて、1分程度で話す練習をしましょう。話した後で以下の点をチェックしましょう。

체크포인트
- 結論から話しているか。
- エピソードはわかりやすいか。
- やりたい仕事が明確か。
- その仕事に活かせる能力を持っていることがわかるか。
- 本気で働きたい気持ちが表れているか。

面接官が納得する志望動機になっていますか？

> 지원 동기 (예시)

(志望理由を簡潔に)
　私が御社を志望する理由は、愛用者の一人として、**1**御社の製品をより多くの人に知ってもらいたいと考えたからです。

(詳しい説明)
　私は**2**日本に来てから御社の文房具を使い続けています。使いやすさや美しいデザイン、手頃な価格などに魅力を感じています。しかし、現在、御社の製品は私の母国を含め、他のアジアの国々でもなかなか手に入れることができません。今回、御社が海外市場への展開に力を入れるということを知り、私も自分の力を発揮して御社に貢献したいと思い、応募しました。

(やりたいこと)
　3一歩早く行動する力を活かし、**4**海外営業職として、現地の調査や取引先の開拓に全力を尽くしたいと思います。

🚩 **1**～**4** は、以下の内容が書かれています。
1 結論（なぜその企業に入りたいのか）
2 詳しい説明
3 その仕事に活かせる力
4 どんなことをやりたいか

2 (과제) 지원 동기 쓰기 (志望動機を書く)

▶ 志望動機を清書しましょう。
🚩 書き言葉では「御社」より「貴社」が適切。

WORK SHEET ⑥

Ⅰ 일본 회사에 입사하기

7　이력서・송부장　履歴書・送付状

배우는 목적
履歴書・送付状の書式と表現を知る

구성
1. 履歴書のポイント
2. エントリーシートのポイント
3. 送付状の書き方
4. 封筒の書き方
5. 課題（履歴書・送付状作成）

달성목표 체크

自信あり
☐ 企業に提出するための履歴書・送付状が作成できる

이 과에서 기억할 단어

履歴書	送付状	書式	職務経歴書	別紙参照	免許
資格	取得	空欄	控え	概要	同封	御中	部署
貴社	添付	査収	機会	署名	拝啓	敬具	担当者

1 이력서 작성 요점 (履歴書のポイント)

▶ 履歴書を書く時の❶～⓬のポイントを確認しましょう。

履　歴　書

❶ 2017 年 1 月 10 日現在

❽

❷ フリガナ	リン　　イ　シ
氏　名	❸ 林　怡思
アルファベット表記	❹ LIN　　YI　　SHI

❺ 1990 年 1 月 1 日生（満 27 歳）　　※ 男・⒲

フリガナ	❻ トウキョウトシンジュククオオクボ
現住所	〒169-0072　東京都新宿区大久保 5 丁目 6 番　アーバンハイツ 101
電話番号	080-1111-2222
e-mail	❼ linyishi @ efg.co.jp

国籍　中国

年	月	学歴・職歴（各別にまとめて書く）
		❾ 〈学　歴〉
2006	3	北京大学附属高等学校　入学　（中国北京市）
2009	2	北京大学附属高等学校　卒業
2009	3	北京新大学　外国語学部　日本語学科　入学　（中国北京市）
2013	2	北京新大学　外国語学部　日本語学科　卒業
2016	4	渋谷日本語学校ビジネス日本語コース　入学　（東京都渋谷区）
2017	3	渋谷日本語学校ビジネス日本語コース　卒業見込
		❿ 〈職　歴〉
2013	9	株式会社日本製品　北京支社　入社　（中国北京市）
2016	3	株式会社日本製品　北京支社　退社
		（アルバイト）
2016	5	東京カフェ　渋谷店　ホール担当　（東京都渋谷区）　2016 年 10 月まで
2016	11	日本書店　渋谷店　販売担当　（東京都渋谷区）
		現在に至る
		以上

❶ 日付　提出日を記入する。

❷ フリガナ　「フリガナ」と書いてあったらカタカナ、「ふりがな」の場合はひらがなで書く。

❸ 氏名　漢字またはアルファベットで書く。姓と名の間は空ける。

❹ アルファベット表記　パスポートと同じ表記にする。

❺ 生年月日　提出日の満年齢を書く。

❻ 住所　フリガナは数字やカタカナの上にはつけない。

❼ メールアドレス　携帯電話のアドレス（受信の字数制限のあるもの）は書かない。

❽ 写真
- 履歴書用のサイズ（縦4cm、横3cm）を守る。写真を貼りつける場合は、裏に名前を書いておく。
- スピード写真や、写真アプリなどもあるが、写真専門店で撮影するのが一番いい。
- 髪型や服装は清潔感のあるもので、スーツ（男性はネクタイ着用）が原則。→p.54
- 体と顔は正面を向き、胸から上の写真を撮る。歯を見せて笑わない。
- 大学卒業式の角帽やマント姿の写真はNG。

❾ 学歴
- 時系列で古い順に、高校から書く。
- 学校名は正式名称で書く。大学・大学院は学部・学科を書く。
- 「入学」と「卒業」はセットで書く。「入学」「卒業」の字の位置を揃える。途中退学なら「中退」と書く。
- 「入学」の横に、学校がある「国名」「州名」「市名」を書いておくといい。
- 在学中の学校は、「○年○月　卒業見込」または「現在に至る」と書く。

❿ 職歴
- 時系列で古い順に、大学卒業後の職歴を書く。インターンシップやアルバイト経験は必要に応じて書く。特に日本での仕事は、簡単なアルバイトでも書いておくといい。
- 会社名は正式名称で書く。「株式会社」を（株）と省略しない。
- 「入社」と「退社」はセットで書く。
- 在職中の会社は「現在に至る」と書く。スペースがない場合は、最終職歴の社名の右側に「現在に至る」と書いてもよい。
- 新卒で職歴がまったくない場合は〈職歴〉の下の行に「なし」と書く。
- 職歴を書き終わったら、最後に「以上」と書く。
- 職歴がある人は、履歴書とは別に「職務経歴書」を作成する必要がある。

🚩「新卒」は、その年に学校を卒業した／卒業予定の人。それに対して、その年以前に卒業している人を「既卒」と言う。

自己紹介書

❶ 免許・資格	年	月	
	2013	7	日本語能力試験N1　合格
	2016	3	TOEIC　700点　取得
	2016	4	普通自動車運転免許（国際免許）　取得
			現在、TOEIC 800点以上を目指して勉強中

❷ 得意な分野・趣味・特技

　趣味：自転車旅行（自転車で北海道を周ったことがあります）
　特技：絵（ＰＣでイラストを作成しています）
　語学：中国語（母国語）、英語（ビジネスレベル）、日本語（ビジネスレベル）

自己PR	私の強みはチームワークを重視する協調性と前職で身につけたビジネス日本語能力です。 　大学時代には、生徒会の副会長として文化祭などのイベントで企画運営を行い、仲間と協力しあって成功させることができました。このような活動を通して、チームワークの大切さを学び、自分に課せられた課題を最後まで遂行する責任感と協調性が身につけられたと思います。 　大学卒業後は学んだ日本語を生かし、チームワークを重んじる日本企業で働きたいと思い、株式会社日本製品の北京支社に入社しました。企画販売部に所属し、日本本社とのやり取りや中国の日用雑貨市場のリサーチ、販売計画の立案などに3年間ほど携わり、業務を通して実践的なビジネス日本語能力を高めることができました。
志望動機	志望職種：海外営業 　私は○月○日の合同企業説明会に参加し、貴社が総合商社として日本のみならず海外のお客様の課題解決のために常に挑戦している姿に共感し、応募いたしました。 　貴社の「和をもって、人々の暮らしを豊かにするすべてのものを提供する」という企業理念は正に私の理想です。また、中国・タイ・インドネシアに現地法人があり、新たな海外拠点の展開も視野に入れたマーケティングを行っていることにも興味を持ちました。私は日本と中国のビジネス文化を理解し、中国の市場調査の経験もありますので、海外の拠点や取引先と日本との調整役としてお役に立てると考えます。 　まずは営業職からスタートし、将来は海外事業展開に関わる仕事でグローバルに活躍できる人材になれるよう努力したいと思います。

▶ 職務経歴書に「自己ＰＲ」「志望動機」を書く場合は、「別紙（職務経歴書）参照」と書く。

⑪ 免許・資格

- 時系列で古い順に書く。
- 正式名称で書く。
- 運転免許などは「取得」、日本語能力試験などは「合格」と書く。
- 試験を受け、結果発表を待っている場合は「結果待ち」と書いておく。
- 現在勉強中の資格も書いておくといい。

⑫ 趣味・特技

- 単に「読書」「音楽」「旅行」と書くだけでなく、具体的に何をしているか書いておく。人柄が伝わり、面接での話のきっかけにもなる。
- 「特になし」は印象がよくないので、必ず書く。
- 語学レベルを書いておく。

> 전체적으로 주의할 점

① 空欄はなるべく作らないこと

空欄があると、書き忘れたと思われてしまう。職歴や、免許・資格などがない場合だけ、「なし」と記入する。

② 経歴にブランクを作らないこと

経歴があるのに書いていないと、空いている期間に何をしていたのか疑問に思われてしまう。もしブランクがある場合は、面接で聞かれた時に説明できるようにしておく。

③ 郵送する書類は汚さないこと・修正テープを使わないこと

履歴書を手書きまたは印刷して郵送する場合、紙に汚れがあったり、折れ曲がっているものはＮＧ。もし書き間違えたら、新しい用紙にもう一度書き直す。

④ かならず控えをとっておくこと

履歴書は自分にとっても面接時の大切な資料である。何を書いたか忘れないように、提出する前にコピーをとっておく。

2 입사지원서 요점 (エントリーシートのポイント)

▶ 履歴書の他にエントリーシートが必要な場合もあります。

　エントリーシートは、履歴書と同様の「学歴・職歴・資格」欄と、それぞれの企業が独自に設定する「質問項目」の2つで構成されている場合が多く、「ES」とも呼ばれます。主に新卒の書類選考で使われます。エントリーシートは文章などによって自分を表現する手段だと考え、自分の強みや入社意欲を伝えましょう。

전체적으로 주의할 점

- 学生時代に打ち込んできたこと
- 専攻分野の研究内容や、卒業論文の概要
- ゼミやサークルの活動内容
- 自分の長所・短所
- 自己PR
- 志望動機
- 入社後にチャレンジしたいこと
- 将来の夢や目標
- 尊敬する人・好きな言葉
- 働くうえで大切だと思うこと
- 新商品やサービスの提案
- あなたが考える○○とは何か（○○＝国際人、おもてなし　など）

🚩 業界や企業によってエントリーシートの形式や質問内容は異なります。

3 송부장 작성 방법 (送付状の書き方)

▶ 送付状を書く時のポイントを確認しましょう。

　履歴書を送る時は、以下のような送付状を添えます。書式は決まった型が多く、送る目的や同封書類を明記します。

🚩 日本の場合、送付状を「カバーレター」とも呼びます。

例1 메일로 이력서를 보낼 경우

> 履歴書を送る場合、件名に自分の名前を入れておくとわかりやすい

件名： 履歴書送付の件（林　怡思）

株式会社渋谷物産
人事部人事課　御中

> 会社、部署宛の場合は「様」でなく「御中」と書く

はじめてメールを送らせていただきます。
私は現在、渋谷日本語学校でビジネス日本語を学んでおります林　怡思（リン　イシ）と申します。
この度、〇月〇日の合同企業説明会で貴社の採用募集を知り、自分の能力と経験が活かせればと考え、本日応募いたしました。
履歴書を添付いたしますので、ご査収くださいますようお願いいたします。
面接の機会をいただければ幸いです。何卒よろしくお願い申し上げます。

> その他「ジョブフェア」「ホームページ」など
> よく調べてから受け取ること

添付ファイル 📁
林怡思　履歴書.docx

> メールにファイルをつけ加えること
> 他の表現 ▶「履歴書を添付ファイルでお送りします」
> 　　　　 ▶「履歴書を添付してお送りします」

****

林　怡思（リン　イシ）
渋谷日本語学校
ビジネス日本語コース　学生
〒169-0072
東京都新宿区大久保5丁目6番　アーバンハイツ101
TEL 080-1111-2222
linyishi@efg.co.jp

****

> 「署名」を入れる

例2 우편으로 이력서를 보낼 경우

20XX年 XX月 XX日

株式会社渋谷物産
人事部人事課　御中

林　怡思（リン　イシ）

〒169-0072　東京都新宿区大久保5丁目6番
アーバンハイツ101
TEL 080-1111-2222
E-mail linyishi@efg.co.jp

手紙の始めに用いる正式な挨拶の言葉。結びは「敬具」
🚩 メールでは不要です。

「季節」の挨拶
🚩 下記 挨拶の文例 参照。

拝啓　初春の候、貴社ますますご発展のこととお慶び申し上げます。
　さて、私は母国の韓国で北京新大学外国語学部日本語学科を卒業後、日系企業の北京支社に勤務し、現在、日本語学校でビジネス日本語を学んでおります林　怡思（リン　イシ）と申します。
　この度、○月○日の合同企業説明会で貴社の採用募集を知り、自分の能力と経験が活かせればと考え、本日応募させていただきました。
　下記の応募書類を同封いたしますので、ご査収くださいますようお願いいたします。面接の機会をいただければ幸いに存じます。何卒ご検討の程よろしくお願い申し上げます。

敬具

記

1. 履歴書　　　　　1通
2. 職務経歴書　　　1通

同封した書類名を書く
中央に「記」、
右下に「以上」と書く

以上

인사 예문

例　1月：初春の候、貴社ますますご清栄のこととお慶び申し上げます。

🚩 月によって言葉が変わります。その月に合ったものを使いましょう。

2月：立春の候	5月：新緑の候	8月：残暑の候	11月：晩秋の候
3月：春暖の候	6月：梅雨の候	9月：秋分の候	12月：師走の候
4月：陽春の候	7月：猛暑の候	10月：仲秋の候	

4 봉투 작성 방법 (封筒の書き方)

▶ 履歴書・送付状などを入れる封筒のポイントを確認しましょう。

履歴書・送付状はできれば折らずに、そのまま封筒に入れて送りましょう。

封筒の名称	サイズ	料金（2018年3月現在）	折らずに入るサイズ
角型２号（角２）	240 × 332	¥120（〜50g） ¥140（51〜100g）	A４・B５

🚩 料金不足に注意。できれば郵便局で重さを計ってもらいましょう。

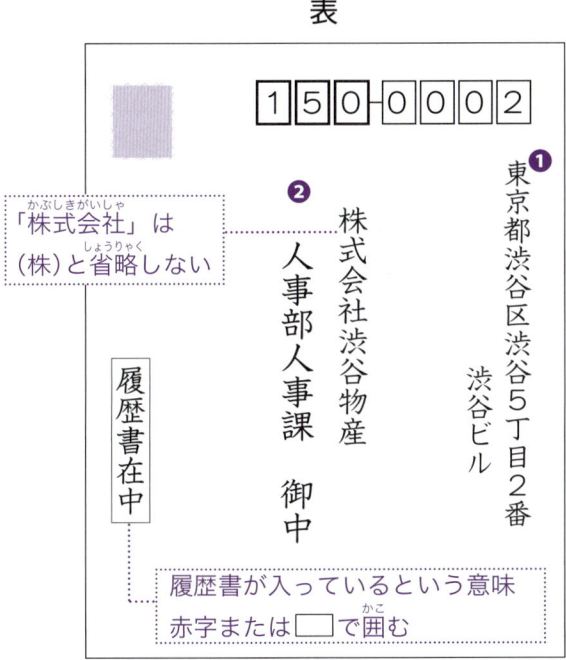

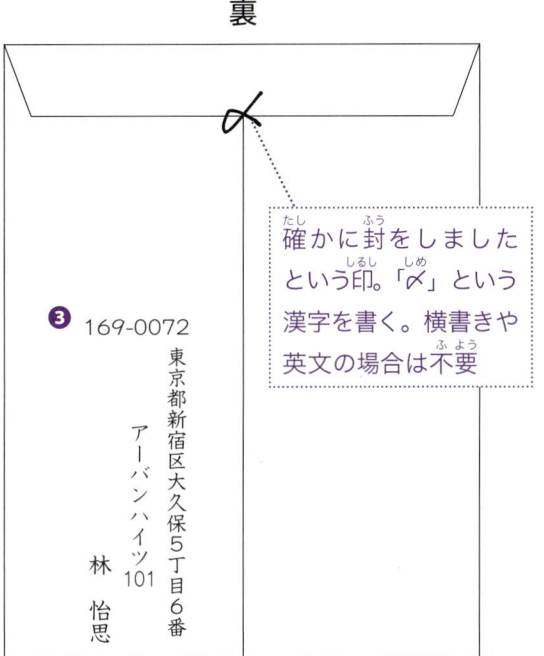

❶ 住所
　封筒の右端から2cm〜3cm内側に書くと、バランスがいい。

❷ 宛名
　封筒の中央に１字下げて書く。堂々とした大きい字で書く。
　例 ○○課御中／人事部採用ご担当者様／○○部　△△様

❸ 自分の住所と名前
　封筒の裏側左下１／４程のスペースに書く。

🚩 1. 送付状　2. 履歴書　3. 職務経歴書（あれば）　の順に入れましょう。

　折れないようクリアファイルに入れましょう。

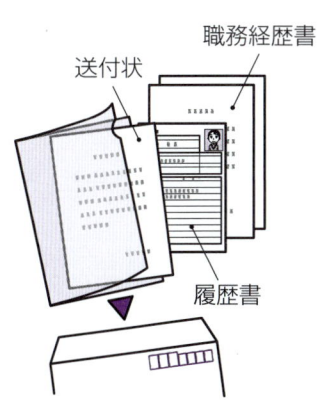

5 (과제) 이력서·송부장 작성 (履歴書・送付状作成)

▶ PCまたは手書きで履歴書を作成しましょう。その後、「Word」などのソフトを使って郵送する場合の送付状を作成しましょう。

履歴書の種類

この課で紹介した履歴書は、一般的なフォーマットを外国人に適した形に加工したものです。皆さんが履歴書を入手するには以下の方法があります。

文具売り場・コンビニエンスストアなどで購入する

- 「JIS規格」の履歴書が一般的です。
- 「アルバイト用」「学生用」「転職用」など、用途が決まっているものもあります。

インターネットからダウンロードする

- 「履歴書テンプレート」「履歴書フォーマット」などのキーワードで検索します。
- 人材紹介会社（エージェント）のサイトにあるものがおすすめです。

履歴書は目的に応じて、自分をアピールしやすいフォーマットを選ぶことが大切です。

8 면접 보는 법 面接の受け方

Ⅰ 일본 회사에 입사하기

배우는 목적
面接についてのルールとマナーを知る

구성
1. 服装・マナーについて
2. 受付から入退室の流れ
3. 面接でよく出る質問
4. 模擬面接
5. お礼メールの書き方
6. 課題（ふり返り）

달성목표 체크

自信あり
☐ マナーよく面接に臨み、基本的な質問に答えられる

 이 과에서 기억할 단어

面接	服装	入退室（入室・退室）	臨む	身だしなみ
清潔感	派手な	名乗る	控え室	伺う	案内
一礼	ごまかし笑い	原則	精一杯

1 복장·매너에 대하여 (服装・マナーについて)

▶ 面接にふさわしい服装や身だしなみについて確認しましょう。

남성

- 髪型：清潔感のあるスタイル（フケに注意）。
- ヒゲ：きれいにそる。
- シャツ：白、派手でないもの。清潔でアイロンをかけたもの。派手な下着を着ない。
- ネクタイ：エンジ、ブルー、イエローなどが一般的。派手な柄や色は避ける。
- 香水・アクセサリー：つけない。
- スーツ：色は濃紺、グレー、黒。無地が基本。
- 靴下：色は黒、紺、グレー。白はNG。控えめな柄。丈が短すぎるもの、厚手のカジュアルなものはNG。
- 靴：シンプルなデザインの黒が基本。磨いておく。
- つめ：きれいにしておく。

여성

- 髪型：清潔感のあるスタイル。長い場合は顔にかからないようにまとめる。
- メイク：派手ではないナチュラルなメイク。
- シャツ・ブラウス：男性と同様。胸元の開きすぎたものはNG。
- アクセサリー：デザインはシンプルなもの、数は少なめに。
- ネイル：短めにし、派手な色にはしない。
- スーツ：男性と同様。スカートでもパンツでもOK。スカートの丈は座った時に短すぎないこと。
- ストッキング：素足はNG。色や柄のないベージュ系をはく。
- 靴：男性と同様。高すぎるヒールやブーツ・サンダル類はNG。

남녀 공통

- めがね：派手なフレーム、レンズの汚れはNG。
- かばん：色は黒、サイズはA４が入る大きさが基本。カジュアルなものはNG。
- 腕時計：スマートフォンで時間を確認するのはNG。派手ではない腕時計をつける。

▶ 下記の点にも注意しましょう。日本ではこのようなことも見られています。

接수 전
- コートは受付に行く前に脱いでおく
- スーツの上着は受付に行く前に着ておく
- 携帯電話の電源は切っておく
- 身だしなみを確認する

接수 시
- 受付の人にきちんと挨拶をする
- はっきりと名前を名乗る

그 외
- 控え室での行動も見られているので、気を抜かない
- 会社の建物の写真や面接などで得た情報を、SNSなどでむやみに流さない
- 面接の前後に、会社の周辺でうわさ話などをしない
- 部屋のコンセントを使って、自分の携帯電話の充電をしない

2 접수부터 입퇴실의 과정 (受付から入退室の流れ)

▶ 流れを確認して、実際に練習してみましょう。

❶ 建物の入り口でコートを脱ぐ
↓
❷ 受付できちんと挨拶し、面接に来たことを伝える

「本日、面接に伺いました［学校名］の［名前］と申します。面接会場はどちらでしょうか」
↓
❸ 案内されたら忘れずにお礼を言う

「ありがとうございます」
↓
❹ 面接前に控え室に案内されたら、そこで静かに待つ

❺ 面接室に入る前にノックする

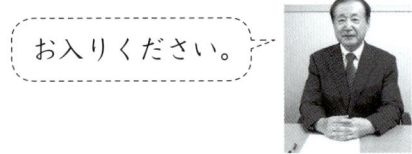
お入りください。
↓

言葉が先。礼はその後で

❻ ドアを開け、明るくはっきりと挨拶する

「失礼いたします」
一礼し、ドアを両手で閉める
↓
❼ いすのところまで進む
↓
❽ 学校名、名前を名乗る

「私、［学校名］の［名前］と申します。よろしくお願いいたします」

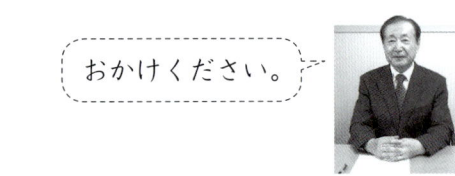
おかけください。

いすの横で待つ

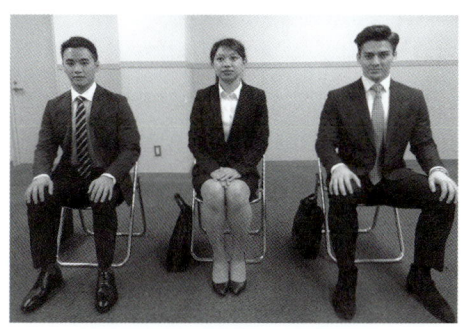

深く腰かけ背すじを伸ばす
かばんはいすの横に置く

⑨ 挨拶し着席する
「失礼いたします」

面接官からの質問
↓

以上で終わりです。
お疲れ様でした。

⑩ 座ったままお礼を言う
「ありがとうございました」
一礼
↓

⑪ 立ち上がり、もう一度お礼を言う
「本日はありがとうございました」
出口まで進む
↓

⑫ ドアの手前で挨拶する
「失礼いたします」
一礼
ドアを静かに開け、両手で閉めて退室

3 면접에서 자주 나오는 질문 (面接でよく出る質問)

▶ 面接でよく出る質問について、答える練習をしてみましょう。

- 自己紹介　→p.15〜
- 自己PR、自分の強み　→p.35〜
- 長所・短所　→p.20〜21
- 志望動機　→p.39〜
- 前職を辞めた理由
- 入社後どういう仕事をしたいか、その理由
- これまで一番頑張ったこと／大変だったこと／感動したこと　など
- 日本語を勉強する理由／日本で働きたい理由
- 会社への質問

面接、こんなときどうする？

Q 緊張して、何も答えられなくなったらどうする？
A 何も言わずに黙るのはNG。「申し訳ありません、緊張してしまって……」と素直に言ってもいい。「もう一度話してもよろしいでしょうか」と言ってもう一度説明する。ごまかし笑いをしてはいけない。

Q 面接官の質問が聞き取れなかったり、言葉がわからなかったらどうする？
A わかったふりをして答えると質問と答えがずれてしまう。「申し訳ありません、もう一度お願いできますか」「〇〇というのはどういう意味でしょうか」と聞く。

Q 面接で必ず敬語を使わなければならない？
A 無理に使って間違えたり、緊張しすぎる場合は「です・ます」で話してもよい。「うん、そう」などの「友達言葉」はNG。

Q 質問に対してなるべく長く話したほうがいい？
A 話は「結論→理由」の順に話すと、相手が理解しやすい。また、面接は「発表」ではなく面接官との「会話」。一方的に長く話すのはよくない。

Q 前職を辞めた理由はどう答えればいい？
A 前の職場の悪口や自分のイメージを悪くすることは言わず、今後の希望（「〜たいと思い退職しました」）など、前向きな理由を話したほうがいい。

Q 給料について質問してもいい？
A 求人票に給与額が書かれている場合はそれに従うのが基本。もしはっきり書かれていない場合は、「御社の規定に従いますが、私のキャリアでどのくらいの額になるか、伺ってもよろしいでしょうか」などと控えめに聞くことが大切。

Q 面接の最後に「何か質問はありますか」と聞かれて、特にない場合は「ありません」と言ってもいい？
A 「特になし」は相手に関心を持っていないことになる。必ず何か考えておくこと。

4　모의 면접 (模擬面接)

▶ 実際の面接を想定して、模擬面接を受けてみましょう。

- 志望動機を入れた履歴書を作成し、面接官役の人に渡しておく。
- レイアウト例を参考に、面接会場を作る。
- 入室→着席→面接→退室まで続けて行う。
- 他の人の様子を見るのも勉強になるので、面接を見学する。
- 面接の様子を録画し、後で見直す。

面接のレイアウト例

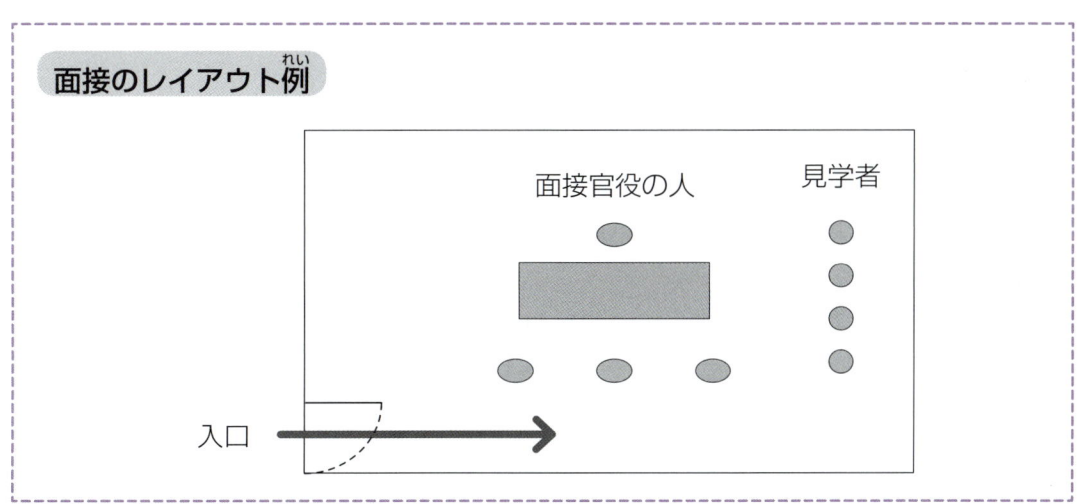

5 감사메일 작성법 (お礼メールの書き方)

▶ 面接を受けた会社宛にお礼メールを書きましょう。

お礼メールは面接当日に送るのが原則です。❶❷には、自分の言葉で、入社したい意志を伝える内容を書いてみましょう。

해답 별책 p.5

件名： ○月×日面接のお礼（トム・クラーク）

株式会社渋谷物産
人事部人事課
課長　　（名前）　　様

> 相手の名前はフルネームで書く
> 名前がわからない時は「ご担当者様」と書く

渋谷日本語学校のトム・クラークです。

○月×日は面接の機会をいただき、ありがとうございました。

面接でのお話を通して、❶_____

という気持ちが強くなりました。

もし入社できましたら、❷_____

_____ように精一杯頑張りたいと思います。

取り急ぎ面接のお礼を申し上げたく、メールを送らせていただきました。
何卒よろしくお願いいたします。

****
Tom Clark　（トム・クラーク）
渋谷日本語学校　ビジネス日本語コース　学生
〒 123-4567
東京都世田谷区世田谷 6-1　世田谷ハウス 201 号室
TEL　090-3333-4444

tomclark@efg.co.jp
****

---

6 (과제) 복습 (ふり返り)

▶ 模擬面接を受けた後には、必ずふり返りをして、改善を図りましょう。

WORK SHEET ⑦

비즈니스 일본어 익히기

1. 경어 59
2. 인사 67
3. 전화 받기 73
4. 전화 걸기 83
5. 전화로 약속 잡기 93
6. 방문 99
7. 비즈니스 메일 111

就活の時や就職後、すぐ役立つビジネス場面での日本語を学びましょう！

Ⅱ 비즈니스 일본어 익히기

1 경어 敬語

배우는 목적
仕事をするうえで必要な敬語を確認する

구성
1. 敬語の種類と形
2. ビジネスでよく使われる丁寧な表現
3. 言いかえ練習

달성목표 체크
自信あり
☐ ビジネスでよく使われる敬語表現がわかる

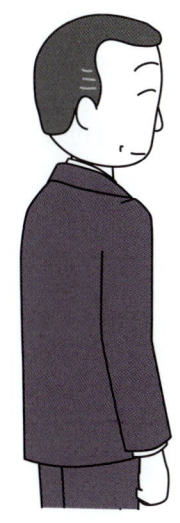

🍀 이 과에서 기억할 단어

| 敬語（けいご） | 丁寧（ていねい）な | 尊敬語（そんけいご） | 謙譲語（けんじょうご） | 丁寧語（ていねいご） | 多忙（たぼう）な |
| 依頼（いらい） | ご無沙汰（ぶさた） | 来客（らいきゃく） | 承知（しょうち） | 配慮（はいりょ） |

59

1 경어의 종류와 형태 (敬語の種類と形)

▶ 敬語の形を確認しましょう。

敬語は仕事をするうえで必要なものです。敬語がうまく使えると、あなたが相手に与える印象もよくなります。🚩（動-ます）は動詞のます形で、接続の時「ます」がない形。

종류/내용		형	예
존경어 (尊敬語) 相手を高めて言う表現	動詞	❶ 特殊形 （→p.61 表1）	召し上がる、いらっしゃる、なさる、ご覧になる
		❷ お＋（動-ます）＋になる （→p.61 表2）	お会いになる、お書きになる
		❸ 受身の形	帰られる、読まれる
		❹ お＋（動-ます）＋です	「お客様がお待ちです」 「課長はもうお帰りですか」
	い・な形容詞	お／ご＋（い形容詞）＋（です） （な形容詞）	お忙しい、お好きな、ご多忙な
	名詞	❶ 家族・所有物（限られたもの）	ご子息、ご令嬢、お車、お写真
		❷ 行為を表す名詞	ご指示、ご連絡、ご依頼、お返事 🚩 限られた言葉にしか用いられない
겸양어 (謙譲語) 自分や自分側を相手に対して低めて言う表現	動詞	❶ 特殊形 （→p.61 表1）	いただく、伺う、いたす、拝見する
		❷ お／ご＋（動-ます）＋する／いたす	「お持ちします」 「ご説明いたします」
정중어 (丁寧語) 改まった気持ちで言葉遣いを丁寧にする表現		❶ 語頭　お／ご＋名詞	お水、お酒、お電話 ご飯、ご無沙汰、ご返信 🚩「お返事・ご返事」は、どちらもOK
		「お／ご」がつきにくい名詞： ・カタカナ語　×おノート、おメール ・公共物　×お駅、お道路 ・一般的につかないもの　×お書類、ご新聞	
		❷「です」の丁寧語　〜でございます	「こちらが資料でございます」
		❸「ある」の丁寧語　ございます	「左手に銀行がございます」
		❹ 立場が上の人に対しての指示・依頼 お＋（動-ます）＋ください／いただけますか	「こちらにおかけください」 「こちらでお待ちいただけますか」

표 1 특수형태

	존경어	겸양어
会う		お目にかかる
言う	おっしゃる	申す、申し上げる
行く・来る	いらっしゃる　おいでになる　お越しになる	まいる
いる	いらっしゃる	おる
思う		存じる
聞く（噂・評判などを）		伺う
着る	お召しになる	
知っている	ご存じです	存じている
する	なさる	いたす
たずねる（質問する）		伺う
たずねる（訪問する）	いらっしゃる	伺う
食べる・飲む	召し上がる	いただく
寝る	お休みになる	
見る	ご覧になる	拝見する
もらう		いただく

표 2 「お＋（動-ます）＋になる」의 형태가 쓰이지 않는 동사

「行きます」	× お行きになります　○ いらっしゃいます／行かれます
「言います」	× お言いになります　○ おっしゃいます／言われます
「寝ます」「着ます」「見ます」 　　　1音節 「ます」の前が1音節の動詞 🚩 音節とは、ローマ字で書いた時の母音文字の数のこと。 　例 寝ます ne-masu 　（「ます」の前は1音節）	× お寝になります　　○ お休みになります × お着になります　　○ お召しになります × お見になります　　○ ご覧になります

확인문제

해답 별책 p.5

▶ 正しいのはどちらでしょうか。適切な言葉を選んで練習しましょう。

❶ レストランで

リン　店長さんはいらっしゃいますか。
店長　はい、私が店長の鈴木（ a. でいらっしゃいます　b. でございます ）が。
リン　今日7時からパーティーを予約しているんですが。
店長　あ、リン様（ a. でいらっしゃいます　b. でございます ）ね。
リン　ええ、そうです。

❷ 社内で

課長　リンさん、明日3時からの営業会議、出席できるかな。
リン　すみません。その時間は来客や他の打ち合わせで、ちょっと（ a. 忙しくて　b. ご多忙で ）……。
課長　そうか、わかった。それじゃ、この資料を8人分、お願いします。
リン　はい、承知しました。（ a. おコピー　b. コピー ）をしておきます。
課長　よろしくお願いします。では、私はお先に。
リン　あ、（ a. お帰りです　b. お帰りします ）か。お疲れ様でした。

❸ お客様を案内する

社員　お待たせいたしました。（ a. ご案内なさいます　b. ご案内いたします ）。

❹ 外出先で

リン　すみません、ちょっとペンを（ a. お借りしたい　b. 借りていただきたい ）のですが。
受付　どうぞ、こちらを（ a. お使い　b. 使わせて ）ください。

❺ ジョブフェア会場で

受付　本日のジョブフェアはどちらで（ a. お聞きしました　b. お聞きになりました ）か。
学生　はい、学校のイベントの（ a. スケジュール　b. ごスケジュール ）で確認しました。

❻ 大学の事務局で

学生　田中教授のゼミをとりたいんですが。
事務員　もう（ a. お申し込みになりました　b. お申し込みしました ）か。
学生　いえ、まだです。
事務員　ではこちらに（ a. お書きしてください　b. お書きください ）。

❼ 取引先を訪ねる上司に

リン　部長、新商品のカタログを（ a. 持って伺いますか　b. お持ちになりますか ）。
部長　ああ、そうだね。持って行こうかな。

🚩「お持ちになる」＝「持って行く／持って来る」の特別な敬語表現。

❽ 取引先で

リン　その件については、弊社の（ a. 部長の山川　b. 山川部長 ）がご説明に
　　　（ a. うかがう　b. いらっしゃる ）と申しております。
佐藤　えっ、山川部長がおいでくださるんですか。ありがとうございます。

🚩 社内の人（ウチ）のことを社外の人（ソト）に話す時は、謙譲表現を使う。

2 비즈니스에서 자주 사용되는 정중한 표현 (ビジネスでよく使われる丁寧な表現)

해답 별책 p.5

▶ 表の言葉を、ビジネスで使われる形に直しましょう。

ビジネスや改まった場面では、より丁寧な表現を使います。問題を考えながら覚えましょう。

わたし	①	あさって	⑫
相手の会社	②	この前	⑬
自分の会社	③	さっき	⑭
(相手の会社の)○○部の人	④	あとで	⑮
(自分の会社の)○○部の人	⑤	じゃあ	⑯
だれ	⑥	やっぱり	⑰
(相手の会社の)みんな	⑦	いいですか	⑱
どこ／どれ／どっち	⑧	どうですか	⑲
ここ／これ／こっち	⑨	すみません(謝罪)	⑳
今日	⑩	わかりました	㉑
あした	⑪	ちょっと待ってください	㉒

▶ 丁寧な表現にして下線部に書きましょう。

그외 정중한 표현

(動-辞) +ので → (動-ます) +ので

❶ 調べる＋ので＋待ってください ⇒ _____、お待ちください

(名・な形) ＋(な)ので → (名・な形) ＋ですので

❷ 締め切りは明日＋なので＋急いでください
　⇒ 締め切りは _____、お急ぎください

(動-た) ＋ら → (動-ました) ＋ら

❸ できたら＋電話してください ⇒ _____、お電話ください

(名・な形) だったら → (名・な形) でしたら

❹ 水曜日だったら＋大丈夫だ ⇒ _____、大丈夫です

3 바꿔 말하기 연습 (言いかえ練習)

해답 별책 p.6

▶ 敬語を使って下線部を言いかえましょう。

장면1 채용 면접에서의 대화

❶ 受付で挨拶をする

「○○(1)と言いますが、(2)今日 (3)ここの面接に (4)来ました。場所は (5)どこですか。」

❷ 面接で質問を受ける

Q1　いつ頃から日本語を勉強していらっしゃいますか。

あなた　○年前から勉強(1)しています。

Q2　弊社のホームページをご覧になりましたか。

あなた　はい、(2)見ました。

Q3　当社の製品を何かご存じですか。

あなた　はい、(3)知っています。特に○○はよく使っております。

Q4　うちの会社でどのぐらい働きたいと思っていらっしゃいますか。

あなた　できるだけ長く働きたいと(4)思っています。

🚩 自分の会社のことを言うときには、「当社」「うち（の会社）」などの言い方もある。

❸ 面接で質問をする

「あの、(1)聞きたいことが(2)あるんだけど、(3)いいですか。」

장면2 거래처와의 통화

A　はい、渋谷物産(1)です。

B　AB商事の山本と(2)言います。お世話になって(3)います。

A　(4)こっちこそ、お世話になって(5)います。

B　○○の件で(6)電話しました。(7)担当の人は(8)いますか。

A　(9)すみません。外出して(10)いますが……。

B　そうですか。(11)じゃあ(12)戻ったら、(13)電話もらえますか。

A　(14)わかりました。(15)じゃあ、担当の(16)人が(17)戻ったら、(18)電話します。

B　よろしくお願いします。

敬語の疑問

Q　会社の先輩や上司、それから取引先の人でも、親しくなったら敬語を使わなくてもいいですか。敬語を使うと親しさが感じられないので……。

A　どんなに親しくなっても、ビジネスの場では、相手の立場に配慮して、会社の先輩や上司、取引先の人などには敬語を使うことが望ましいです。少なくとも「です・ますの形」で話しましょう。

例　先輩　　へー、そうなんだ。
　　あなた　×　そうだよ。　⇒　○　はい、そうです。

　　上司　　このコピー、5時までにできる？
　　あなた　×　うん、大丈夫。　⇒　○　はい、大丈夫です。

Ⅱ 비즈니스 일본어 익히기

2 인사 _{挨拶(あいさつ)}

배우는 목적
コミュニケーションの第一歩(だいいっぽ)としての挨拶(あいさつ)ができるようになる

구성
1. 会話例(かいわれい)
2. ロールプレイ〈練習(れんしゅう)〉
3. ロールプレイ〈実践(じっせん)〉

달성목표 체크

自信あり
- [ ] 出社(しゅっしゃ)、退社(たいしゃ)、外出(がいしゅつ)、紹介(しょうかい)などのビジネス場面に合った挨拶ができる

自信あり
- [ ] 挨拶に合った立居(たちい)ふるまいができる

🌸 이 과에서 기억할 단어

| 挨拶(あいさつ) | 出社(しゅっしゃ) | 退社(たいしゃ) | 外出(がいしゅつ) | 立居(たちい)ふるまい | 雑談(ざつだん) |
| 指摘(してき) | 謝(あやま)る | 会釈(えしゃく) | 口調(くちょう) | 席(せき)を外(はず)す | 弊社(へいしゃ) | 職場(しょくば) |

1　회화 예（会話例）

▶ 適切な挨拶表現を学びましょう。

🎵 音声ダウンロード 1

リンさんは渋谷物産営業部の新入社員です。リンさんの一日を見てみましょう。

❶ 朝、会社の入り口で上司と会う

リン　　おはようございます。
山川　　ああ、おはよう。
リン　　(1)今日も蒸し暑いですね。〈雑談をする〉
山川　　そうだね。暑い日が続くね。

❷ 仕事中に、上司にミスを指摘される

山川　　リンさん、ちょっといいかな。
リン　　はい。何でしょうか。
山川　　この書類のここ、漢字が間違っているよ。
リン　　あ、(2)申し訳ありません。すぐに直します。

❸ 社内の廊下で、他の部の部長とすれ違う

リン　　(3)お疲れ様です。〈または会釈をする〉
部長　　お疲れ様。〈会釈〉

❹ 会議中に遅れて部屋に入る

リン　　(4)遅くなって、申し訳ありません。

❺ 会議が終わり、昼食に出かける

リン　　(5)お昼に行ってきます。
同僚　　いってらっしゃい。

❻ 街で取引先 AB 商事の本田さんと偶然会い、挨拶する

リン　　あ、本田さん、(6)いつもお世話になっております。
本田　　あ、こちらこそお世話になっております。

포인트

(1) 天気などについて簡単な会話をする
　例「暖かくなってきましたね」
　　「よく降りますね」
　　「寒い日が続きますね」
　　「昨日の台風はひどかったですね」など

(2) 謝る気持ちが声に表れるようにする

(3) 「こんにちは」「こんばんは」は社内の挨拶ではあまり使われない
　「お疲れ様です」も、使う会社と使わない会社があるので、その会社のやり方に合わせる

(4) 遅れて入る場合は、声の大きさ、口調、物音にも気をつける

(5) 席を外す場合は周囲にひと声かける
　例「会議に／○○部に／休憩に行ってきます」

(6) 社外の人に対して、ビジネスでよく使われる挨拶
　ビジネスメールでも使う

❼ 昼食から会社に戻る

リン　　ただいま戻りました。
同僚　　お帰りなさい。

❽ 先輩と取引先 CD 貿易に出かけ、先輩に取引先の担当者、佐藤さんを紹介してもらう

先輩　　佐藤さん、こちらは新しく入りましたリンです。
リン　　初めまして。リンと申します。
　　　　これから御社を担当させていただきます。
　　　　どうぞよろしくお願いいたします。
佐藤　　佐藤です。よろしくお願いします。

❾ 取引先 XY 物産に出かけ、自社の山川営業部長を取引先の鈴木部長に紹介する

リン　　鈴木部長、こちらは(7)弊社の営業部長の山川です。
山川　　初めてお目にかかります。山川(8)でございます。
　　　　どうぞよろしくお願いいたします。
鈴木　　鈴木でございます。こちらこそよろしくお願いいたします。

(7) 自社の人を他社の人に紹介する場合は「役職 の 名前 です」と言い、名前の後に「さん」をつけない

(8)「〜です」の丁寧語 → p.60

❿ 取引先から会社に戻る

リン　　ただいま戻りました。
同僚　　お帰りなさい。

⓫ 退社時、職場に残っている社員に挨拶する

リン　　(9)お先に失礼します。
社員　　(10)お疲れ様でした。

⓬ 退社時、同僚と会社の前で別れる

リン　　お疲れ様でした。
同僚　　お疲れ様でした。

(9) 帰る時には、周りの人に必ず一声かける

(10) 社内で使う挨拶
「お疲れ様」と同じ意味で「ご苦労様」も使われるが、上の立場の人が下の立場の人に対してのみ使うことができる

2 롤플레이 (ロールプレイ)

▶ 場面に合った挨拶の練習をしましょう。

あなたは渋谷物産営業部の新入社員です。習った挨拶表現を使い、□に入る言い方を考えて話しましょう。

❶ 朝、会社の入り口で上司と会う
（雑談は、天気の話をする）

　　　　　　　　　　　　　　　　　　　あなた

　　　　　　　　　　　　　　　　　　　上司

❷ 仕事中に、上司にミスを指摘される

　　　　　　　　　　　　　　　　　　　上司

　　　　　　　　　　　　　　　　　　　あなた

❸ 社内の廊下で、他の部の部長とすれ違う

　　　　　　　　　　　　　　　　　　　あなた

　　　　　　　　　　　　　　　　　　　部長

❹ 会議中に遅れて部屋に入る

　　　　　　　　　　　　　　　　　　　あなた

❺ 会議が終わり、昼食に出かける

- あなた
- 同僚

❻ 街で取引先ＡＢ商事の本田さんと偶然会い、挨拶する

- あなた
- 本田

❼ 昼食から会社に戻る

- あなた
- 同僚

❽ 先輩と取引先ＣＤ貿易に出かけ、先輩に取引先の担当者、佐藤さんを紹介してもらう

- 先輩
- あなた
- 佐藤

⑨ 取引先 XY 物産に出かけ、自社の山川営業部長を取引先の鈴木部長に紹介する

──あなた

──山川

鈴木──

⑩ 取引先から会社に戻る

──あなた

同僚──

⑪ 退社時、職場に残っている社員に挨拶する

──あなた

同僚──

⑫ 退社時、同僚と会社の前で別れる

──あなた

同僚──

3 롤플레이(실전) (ロールプレイ〈実践〉)

▶ 実際に動きながら挨拶してみましょう。

II 비즈니스 일본어 익히기

3 전화 받기 電話 受ける

배우는 목적
基本的な電話応対（受ける）ができるようになる

구성
1. 電話を受ける流れ
2. 会話例
3. ロールプレイ〈練習〉
4. 電話（受ける）クイズ
5. ロールプレイ〈実践〉

달성목표 체크
自信あり
☐ 電話の受け答え、取り次ぎ、不在時の応対、伝言の確認ができる

🌸 이 과에서 기억할 단어

電話応対　取り次ぎ　不在　取り次ぐ　かけ直す　伝言
承る　第一声　保留　復唱　直行　直帰　至急
指名　欠勤　出張　来客　外出先

1　전화 받는 방법 (電話の受け方)

▶ 電話を受ける時はどのようなケースがあるか見てみましょう。

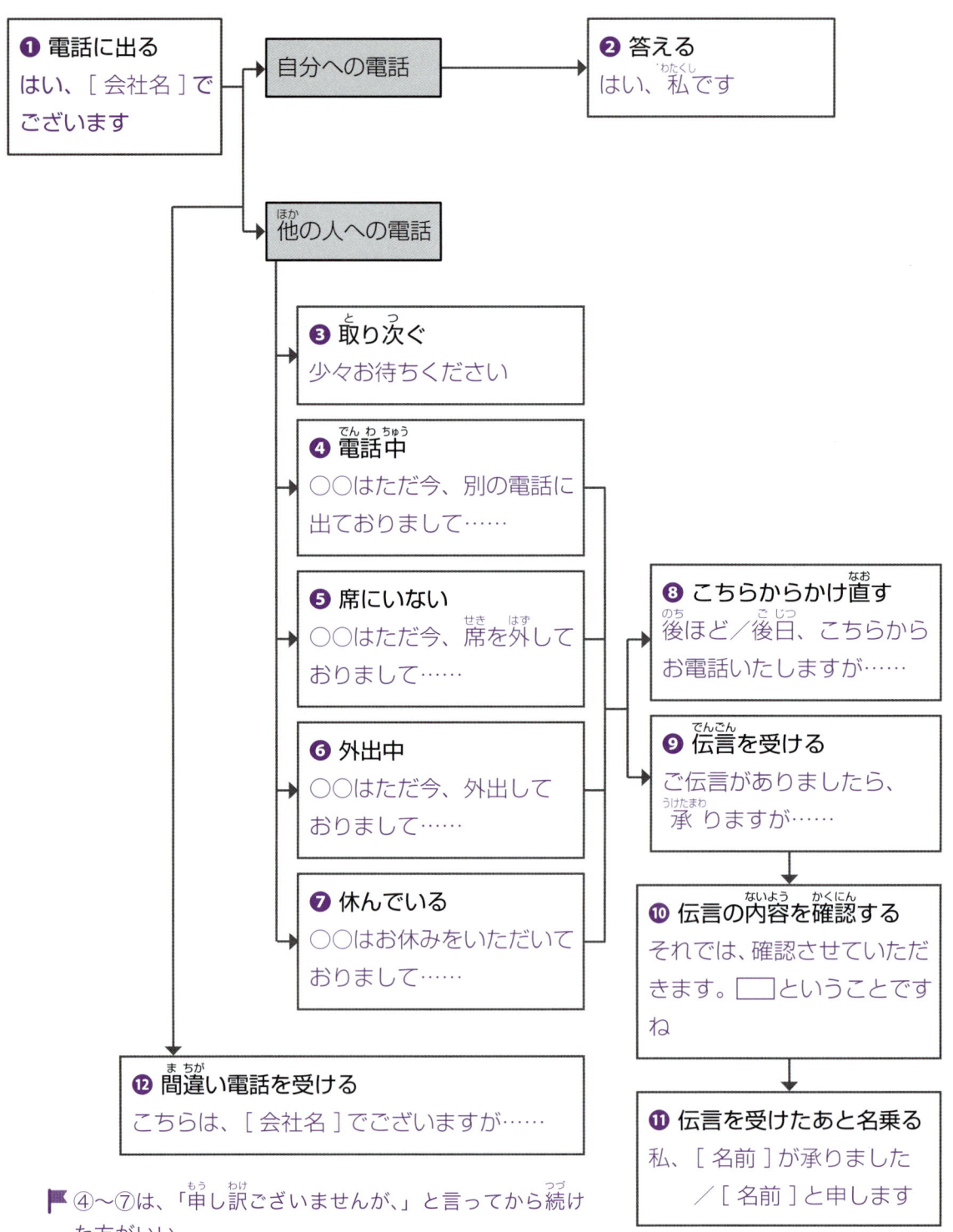

🏁 ④〜⑦は、「申し訳ございませんが、」と言ってから続けた方がいい。

2 회화 예 (会話例)

▶ 電話の受け方の例を見てみましょう。　🎵 音声ダウンロード 2

リンさんは渋谷物産営業部の新入社員です。他社から電話がかかってきた時、どのような応対をすればよいでしょうか。あなたも、リンさんになったつもりで、練習しましょう。

❶ 電話に出る

(1) <u>電話が鳴る</u>
リン　(2)<u>はい、渋谷物産でございます。</u>
本田　(3)<u>私、ＡＢ商事総務部の本田と申します。</u>
リン　いつもお世話になっております。
本田　こちらこそお世話になっております。

❷ 自分への電話に答える

本田　リン様、いらっしゃいますか。
リン　はい、私です。

❸ 他の人への電話を取り次ぐ

本田　山川部長、お願いできますか。
リン　(4)<u>少々お待ちください。</u>

❹ 他の人が電話中

本田　山川部長、お願いできますか。
リン　申し訳ございません。(5)<u>山川はただ今、別の電話に出ておりまして……</u>。

❺ 他の人が席にいない

本田　山川部長、お願いできますか。
リン　申し訳ございません。山川はただ今、(6)<u>席を外しておりまして……</u>。

📘 포인트

(1) 3コール以内に電話に出る

(2) 「もしもし」は言わない
　すぐに出られなかったら、「お待たせいたしました」と言う
　第一声は明るくはっきりと

🚩 会社によっては
　社名 + 部署名
　社名 + 部署名 + 名前
　と言うこともある

(3) 会社名や相手の名前を、聞いたらすぐにメモする

(4) 相手を待たせる時には電話機の保留ボタンを必ず押す

　取り次ぐ時の言い方
　例「山川部長、1番にAB商事本田様からお電話です」

(5) 自社の人には「〜さん」や役職名はつけない

　他社の人と話す時、自社の人については目上でも尊敬語を使わない

(6) 以下のようなことは言う必要はない
　・休憩中
　・買い物に行った

❻ 他の人が外出中

本田　山川部長、お願いできますか。
リン　申し訳ございません。山川はただ今、外出しておりまして……。5時に戻る予定です。

❼ 他の人が休んでいる

本田　山川部長、お願いできますか。
リン　申し訳ございません。山川は(7)<u>お休みをいただいておりまして……</u>。

(7) 社外の人に休んでいる理由を言う必要はない

❽ かけ直す

1 相手から頼まれる

本田　では、後でお電話いただけますか。
リン　はい、承知しました。(8)<u>ＡＢ商事総務部の本田様ですね。念のため、お電話番号をお願いできますか。</u>
本田　03-9876-5432 です。
リン　はい。確認させていただきます。03-9876-5432 ですね。
本田　はい、そうです。

(8) 会社名や名前がよく聞き取れなかった時は、必ず確認する
　例 「申し訳ございませんが、もう一度、御社名とお名前 をお願いいたします」

2 こちらからかけ直すと申し出る

リン　{後ほど／後日}、こちらからお電話いたしますが……。
本田　そうですか。では、お願いします。
リン　(8)<u>ＡＢ商事総務部の本田様ですね。念のため、お電話番号をお願いできますか。</u>
本田　03-9876-5432 です。
リン　はい。確認させていただきます。03-9876-5432 ですね。
本田　はい、そうです。

❾ 伝言を受ける

リン　ご伝言がありましたら、承りますが……。
本田　では、次の打ち合わせは来週火曜日の10時からになった、とお伝えいただけますか。
リン　はい、承知いたしました。

❿ 伝言の内容を確認する

リン　それでは、⑼確認させていただきます。⑽ＡＢ商事 総務部の本田様、次の打ち合わせは来週火曜日の10時からになったということですね。
本田　はい、そうです。お願いします。

⑼「復唱させていただきます」もよく使われる

⑽ 以下の確認を忘れずに
・会社名、部署名、名前
・電話番号（必要な場合）
・伝言内容

⓫ 伝言を受けたあと名乗り、電話をきる

リン　私、{リンが承りました。／リンと申します。}
本田　リン様ですね。それでは失礼します。
リン　失礼いたします。

⓬ 間違い電話を受ける

リン　はい、渋谷物産でございます。
相手　あっ、東京商事ではありませんか。
リン　⑾いいえ、こちらは渋谷物産でございますが……。
相手　すみません。間違えました。失礼します。
リン　失礼いたします。

⑾ 間違い電話に対しても自社の印象を悪くしないため丁寧に応対する

3 롤플레이(연습) (ロールプレイ〈練習〉)

▶ ＿＿＿に入る言い方を考えて話しましょう。

あなたは渋谷物産営業部の社員です。取引先ＡＢ商事の本田さんから電話がかかってきました。適切な受け答えをしてください。

❶ 電話に出る

あなた　＿＿＿＿＿＿＿＿＿＿＿＿＿＿＿＿＿＿＿＿＿＿＿＿＿＿＿＿＿＿

本　田　私、ＡＢ商事総務部の本田と申します。

あなた　＿＿＿＿＿＿＿＿＿＿＿＿＿＿＿＿＿＿＿＿＿＿＿＿＿＿＿＿＿＿

本　田　こちらこそお世話になっております。

❷ 自分への電話に答える

本　田　○○様、いらっしゃいますか。

あなた　＿＿＿＿＿＿＿＿＿＿＿＿＿＿＿＿＿＿＿＿＿＿＿＿＿＿＿＿＿＿

❸ 他の人への電話を取り次ぐ

本　田　山川部長、お願いできますか。

あなた　＿＿＿＿＿＿＿＿＿＿＿＿＿＿＿＿＿＿＿＿＿＿＿＿＿＿＿＿＿＿

❹ 他の人が電話中

本　田　山川部長、お願いできますか。

あなた　＿＿＿＿＿＿＿＿＿＿＿＿＿＿＿＿＿＿＿＿＿＿＿＿＿＿＿＿＿＿

❺ 他の人が席にいない

本　田　山川部長、お願いできますか。

あなた　＿＿＿＿＿＿＿＿＿＿＿＿＿＿＿＿＿＿＿＿＿＿＿＿＿＿＿＿＿＿

❻ 他の人が外出している

本　田　山川部長、お願いできますか。

あなた　＿＿＿＿＿＿＿＿＿＿＿＿＿＿＿＿＿＿＿＿＿＿＿＿＿＿＿＿＿＿

❼ 他の人が休んでいる

本　田　山川部長、お願いできますか。

あなた　＿＿＿＿＿＿＿＿＿＿＿＿＿＿＿＿＿＿＿＿＿＿＿＿＿＿＿＿＿＿

❽ かけ直す

① 相手から頼まれる

本　田　では、後でお電話いただけますか。

あなた　_____

　　　　_____

本　田　03-9876-5432 です。

② こちらからかけ直すと申し出る

あなた　_____

本　田　そうですか。では、お願いします。

あなた　_____

本　田　03-9876-5432 です。

❾❿ 伝言を受ける／伝言の内容を確認する

あなた　_____

本　田　では、次の打ち合わせは来週火曜日の10時からになった、とお伝えいただけますか。

あなた　_____

　　　　_____

　　　　_____ということですね。

⓫ 伝言を受けたあと名乗り、電話をきる

あなた　_____

本　田　○○様ですね。それでは失礼します。

あなた　_____

⓬ 間違い電話を受ける

あなた　_____

相　手　あっ、東京商事ではありませんか。

あなた　_____

相　手　すみません。間違えました。失礼します。

あなた　_____

4 전화 받기 퀴즈 (電話（受ける）クイズ)

해답 별책 p.6

問題1 Aの部署はどんな仕事をしているでしょうか。Bのa～fから選び、（　　）の中に書きましょう。

A
① 総務部　（　　）
② 人事部　（　　）
③ 経理部　（　　）
④ 企画部　（　　）
⑤ 営業部　（　　）
⑥ 製造部　（　　）

B
a．会社の売り上げを増やすことや、新しい顧客を開拓する部門
b．会社の中で製品を造る部門
c．会社の新しい商品やビジネスの計画を考える部門
d．会社全体の事務を行う部門
e．会社の利益や給与の計算を行う部門
f．会社の中で社員の採用や研修などを行う部門

問題2 次の言葉の意味や使い方の正しいものを（　　）の中から選びましょう。

❶ 「代表番号」は、（ a．社長が使っている電話番号　b．会社全体を代表する電話の番号 ）。

❷ 電話機にあるボタン「保留」は、（ a．かかってきた電話をいったんそのままにしておく　b．電話にメッセージを録音する ）時に押す。

❸ 電話で「おはようございます」を言っていいのは、（ a．正午　b．10～11時ごろ ）まで。

❹ 「直行」は、（ a．すぐ会社に行く　b．家から仕事先に直接行く ）という意味。

❺ 「直帰」は、（ a．仕事先から直接家に帰る　b．仕事が終わったらすぐに会社に戻る ）という意味。

❻ 「来社」は、（ a．私が会社に出勤する　b．相手が私の会社に来る ）という意味。

❼ 「出社」は、（ a．自分の会社に行く　b．これから会社を出る ）という意味。

❽ 「本日は『退社』しました」は、（ a．会社を辞めた　b．会社から家に帰った ）という意味。

❾ 「先月、『退社』しました」は、（ a．会社を辞めた　b．会社から家に帰った ）という意味。
　🚩 この場合、「退職」と言うことが多い。

❿ 「弊社」は（ a．自分の会社　b．相手の会社 ）について述べる時に使う。

問題3　次のような場合、どちらの対応がより適切でしょうか。選びましょう。

❶ 電話をかけてきた相手が、名前を言わなかった時

　　a.「あのう、すみませんが、お名前は何でしょうか。」
　　b.「失礼ですが、お名前を伺ってもよろしいでしょうか。」

❷ 同僚や上司が会議中、その人宛に取引先から至急の電話がかかってきた時

　　a. 用件を聞き、電話をきらずにすぐに周りの社員に相談する。
　　b. 用件を聞き、電話をきって、会議が終わってからその人に伝える。

❸ 電話をかけてきた人が指名した社員が、休んでいる時

　　a.「病気で休んでいます」など、休んでいる理由を詳しく説明する。
　　b.「お休みをいただいております」とだけ言い、詳しい理由は話さない。

❹ 相手の話が聞き取れなかったり、わからなかった時

　　a. 聞き直すのは失礼なので、とりあえず電話をきり、それからよく考える。
　　b.「大変申し訳ございません。もう一度お願いできますか」と聞く。

❺ 知らないことやわからないことを質問された時

　　a. 1分以内で調べられるようなことなら調べて答え、後は担当者にかけ直させる。
　　b. 間違いがあってはいけないので、少し待たせても、よく調べて答える。

❻ 担当者が外出中に、お客様から「大至急連絡したいので、個人（プライベート）の携帯電話の番号を教えてほしい」と言われた時

　　a.「担当者から折り返しお電話させます」と言って、いったん電話をきる。
　　b. すぐに担当者の携帯電話番号を教える。

5 롤플레이(실전) (ロールプレイ〈実践〉)

해답 별책 p.6～7

▶ 実際に電話をしているように話しましょう。

あなたは渋谷物産営業部の新入社員です。他社からかかってきた電話に応対してみましょう。あなたの部の状況は以下のとおりです。P.75 **2** 会話例のように話しましょう。

〈現在の時刻 9:30〉

山川部長	小林課長
11:00まで会議	打ち合わせ中

木村	田中
風邪で欠勤	電話中

中村	鈴木
12:00まで外出	出張中（来週月曜日戻り）

佐藤（男性）	佐藤（女性）
来客中	外出先へ直行（13:00戻り）

	あなた

Ⅱ 비즈니스 일본어 익히기

4 전화 걸기 　電話 かける

배우는 목적
基本的な電話応対（かける）ができるようになる

구성
1. 電話をかける流れ
2. 会話例
3. ロールプレイ〈練習〉
4. 電話（かける）クイズ
5. ロールプレイ〈実践〉

달성목표 체크

自信あり
- ☐ 電話をかけ、取り次ぎや伝言を頼むことができる

🌸 이 과에서 기억할 단어

| 在席 | 都合 | 内線 | 先約 | 問い合わせ | 納品 | 改めて |
| 後日 | 出先 | 差し支える | 追加 | 用件 |

1 전화 거는 방법 (電話のかけ方)

▶ 電話をかける時はどのようなケースがあるか見てみましょう。

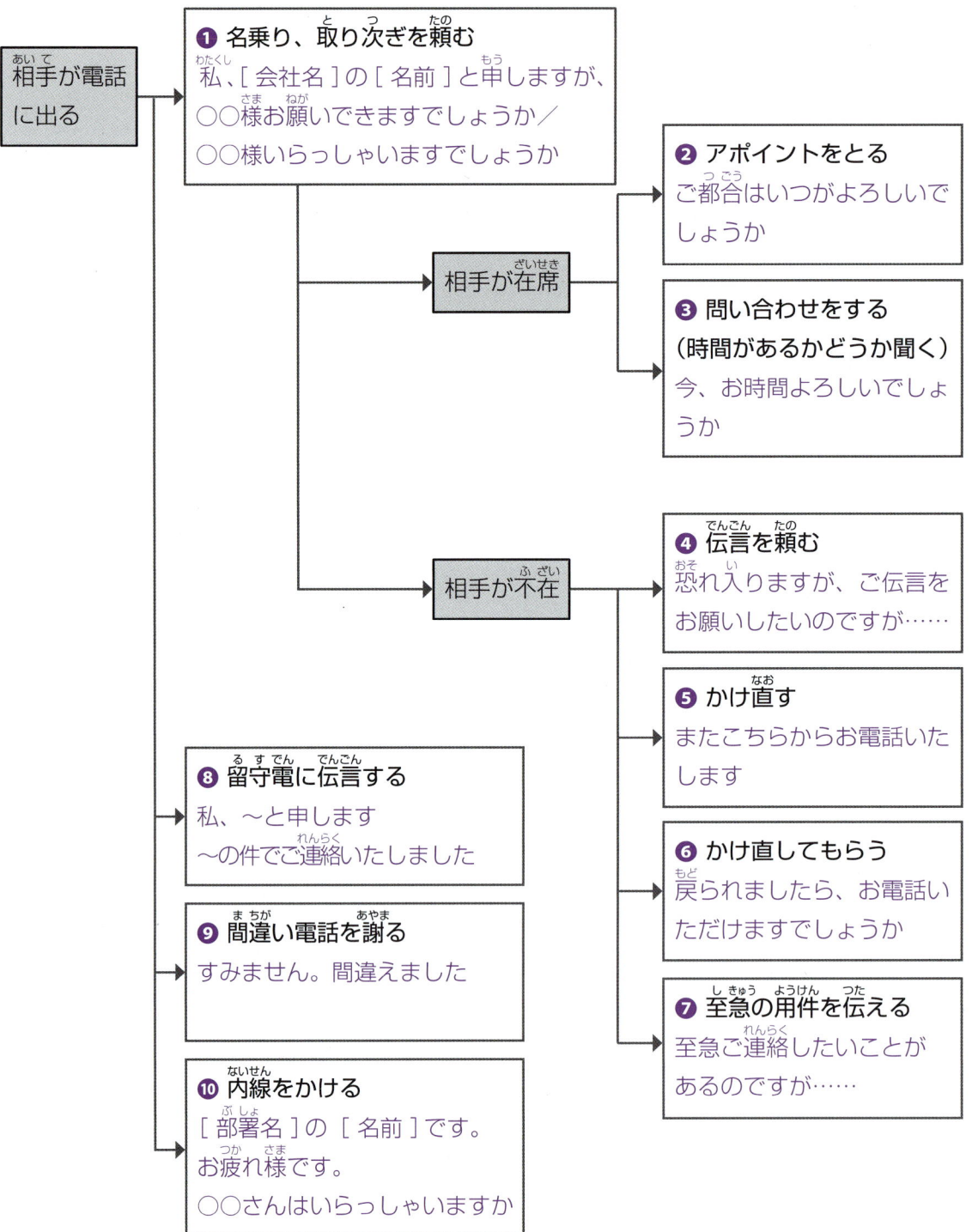

2 회화 예 (会話例)

▶ 電話のかけ方の例を見てみましょう。

🎵 音声ダウンロード 3

リンさんは渋谷物産営業部の新入社員です。さまざまな用件で社内外に電話をかける時、どのように話せばよいでしょうか。あなたも、リンさんになったつもりで、練習しましょう。

❶ 社名・名前を名乗り、取り次ぎを頼む

森田	はい、CD貿易でございます。
リン	私、渋谷物産のリンと申しますが……。
森田	いつもお世話になっております。
リン	こちらこそいつもお世話になっております。営業部の佐藤様、お願いできますでしょうか。
森田	はい、少々お待ちください。

❷ アポイントを取る

リン	(1)新商品の広告の件で打ち合わせに伺いたいのですが、ご都合はいつがよろしいでしょうか。
佐藤	今週はちょっと先約が入っていて……来週なら大丈夫なんですが。
リン	(2)では、○日○曜日の○時はいかがでしょうか。
佐藤	○日○曜日○時ですね。はい、大丈夫です。
リン	では、よろしくお願いいたします。失礼いたします。

❸ 問い合わせをする（時間があるかどう聞く）

リン	来週のイベントの件でお聞きしたいのですが、(3)今、お時間よろしいでしょうか。
佐藤	はい、どうぞ。

포인트

(1) 理由や目的を述べてから、相手の都合を聞く

(2) 「……はいかがでしょうか」は、具体的な日付、時間を提案する時によく使われる表現

(3) 相手の状況に配慮する

❹ 伝言を頼む

森田　申し訳ございません。佐藤は一日外出しておりまして……。
リン　そうですか。では(4)恐れ入りますが、ご伝言をお願いしたいのですが……。
森田　はい、どうぞ。
リン　(5)次の打ち合わせは来週火曜日の10時からになったと、お伝えいただけますか。
森田　承知しました。それでは確認させていただきます。渋谷物産のリン様、次の打ち合わせは来週火曜日の10時からになったということですね。
　　　私、森田が承りました。
リン　(6)森田様ですね。よろしくお願いいたします。失礼いたします。

(4) 頼んだり尋ねたりするときの前置き

(5) 伝言の内容のあとに「～とお伝えいただけますか」と続ける

(6) 相手の名前を確認する

❺ かけ直す

リン　佐藤様、いらっしゃいますでしょうか。
森田　申し訳ございません。佐藤はただ今席を外しておりまして、30分ほどで戻ってまいりますので、戻りましたらお電話いたしますが……。
リン　いえ、またこちらからお電話いたします。
森田　そうですか。では、よろしくお願いいたします。
リン　失礼いたします。

❻ かけ直してもらう

リン　佐藤様、いらっしゃいますでしょうか。
森田　申し訳ございません。佐藤はただ今席を外しておりまして、30分ほどで戻ってまいりますが……。
リン　そうですか。では、(7)戻られましたら、お電話いただけますでしょうか。
森田　かしこまりました。

(7)「戻ったら」の敬語の形
　・戻られたら
　・戻られましたら
　・お戻りになったら
　・お戻りになりましたら

❼ 至急の用件を伝える

リン　佐藤様、お願いできますでしょうか。
森田　申し訳ございません。佐藤はただ今、会議に出ておりまして……。
リン　そうですか。実は(8)明日の展示会の件で、至急ご連絡したいことがあるのですが……。
森田　かしこまりました。少々お待ちください。

(8) 不在だと言われても、急ぎの場合は「至急 ご連絡／お話し／確認したい のですが」と頼む
　他の人でもわかりそうな場合
　例「明日の展示会の件で、他におわかりになる方はいらっしゃいますか」

❽ 留守電に伝言する

リン　(9)佐藤様の携帯でしょうか。私、渋谷物産のリンです。
　　　商品の納品日の件でご連絡いたしました。また(10)改めてお電話いたします。
　　　どうぞよろしくお願いいたします。失礼いたします。

(9) 誰にかけたかわかるように、念のため相手の名前を言う

(10)「自分から別の機会に」という意味

❾ 間違い電話を謝る

社員　はい、新宿自動車営業部でございます。
リン　CD貿易様ではありませんか。
社員　いいえ、こちらは新宿自動車でございますが……。
リン　(11)すみません。間違えました。失礼します。
社員　失礼します。

(11) もっとていねいに謝る場合は「申し訳ありません」も使う。

❿ 内線をかける

古川　はい、総務部です。
リン　営業部のリンです。お疲れ様です。(12)大木部長はいらっしゃいますか。
古川　お疲れ様です。古川です。(13)大木部長は、いま席を外していらっしゃるんですが……。
リン　そうですか、ではまたお電話します。
古川　よろしくお願いします。

(12) 社内の人の呼び方は会社によって異なる
　例 大木部長・大木さん

(13) 社内の人同士で話す時は目上の人に敬語を使う

3 롤플레이(연습) (ロールプレイ〈練習〉)

▶ _____に入る言い方を考えて話しましょう。

あなたは渋谷物産営業部の社員です。適切な表現を使って、取引先に電話をかけてください。

🚩 〈 〉の中は話す内容を表している。日時・電話番号・伝言内容などは自由に考える。

❶ 社名・名前を名乗り、取り次ぎを頼む

相　手　はい、CD貿易でございます。

あなた _____
〈名乗る〉

相　手　いつもお世話になっております。

あなた _____
〈取り次ぎを頼む〉

相　手　はい、少々お待ちください。

❷ アポイントを取る

あなた _____の件で打ち合わせに伺いたいのですが、〈用件を述べる〉
_____
〈都合を聞く〉

相　手　今週はちょっと先約が入っていて……来週なら大丈夫なんですが。

あなた _____
〈日時を提案する〉

相　手　○日○曜日○時ですね。はい、大丈夫です。

あなた _____
〈挨拶し電話をきる〉

❸ 問い合わせをする

あなた _____の件で_____たいのですが、
_____
〈時間があるか聞く〉

相　手　はい、どうぞ。

❹ 伝言を頼む

あなた _____
〈取り次ぎを頼む〉

相　手　申し訳ございません。佐藤は一日外出しておりまして……。

あなた _____
〈伝言を頼む〉

相　手　はい、どうぞ。

あなた _____
〈伝言内容〉

相　手　承知しました。それでは確認させていただきます。渋谷物産営業部の○○様、［用件］ということですね。私、○○が承りました。

あなた _____
〈相手の名前を確認し、電話をきる〉

❺ 自分からかけ直す

あなた _____　〈取り次ぎを頼む〉

相　手　申し訳ございません。○○［名前］はただ今席を外しておりまして、30分ほどで戻ってまいりますので、戻りましたらお電話いたしますが……。

あなた _____　〈かけ直すと伝える〉

相　手　そうですか。では、よろしくお願いいたします。

あなた _____　〈電話をきる〉

❻ 相手からかけ直してもらう

あなた _____　〈取り次ぎを頼む〉

相　手　申し訳ございません。○○［名前］はただ今席を外しておりまして、30分ほどで戻ってまいりますが……。

あなた _____　〈戻ったら電話してほしいと頼む〉

相　手　かしこまりました。

❼ 至急の用件を伝える

あなた _____　〈取り次ぎを頼む〉

相　手　申し訳ございません。○○［名前］はただ今会議に出ておりまして……。

あなた _____。_____の件で
_____　〈用件を述べる〉

相　手　かしこまりました。少々お待ちください。

❽ 留守電に伝言する（伝言内容：商品の納品日の件、また電話する）

あなた　○○様の携帯でしょうか。

_____　〈名乗る〉

_____　〈用件を述べる〉

_____　〈挨拶し電話をきる〉

❾ 間違い電話を謝る

相　手　はい、新宿自動車営業部でございます。

あなた _____　〈会社名を確認する〉

相　手　いいえ、こちらは新宿自動車でございますが……。

あなた _____　〈謝って電話をきる〉

❿ 内線をかける

相　手　はい、総務部です。

あなた　_____　〈取り次ぎを頼む〉

相　手　お疲れ様です。○○部長は、いま席を外していらっしゃるんですが……。

あなた　_____　〈かけ直すと伝える〉

相　手　よろしくお願いします。

4　전화 걸기 퀴즈 (電話（かける）クイズ)

해답 별책 p.7

問題1　次の言葉の意味が正しいのはどちらでしょうか。（　　）の中から選びましょう。

❶ 「では後日、ご連絡いたします」の「後日」は、（ a. またいつか　b. また明日　c. また数日後 ）という意味。

❷ 「今、出先なので後ほどお電話いたします」の「出先」は、（ a. その日最初に出かけた取引先　b. 外出または出張した場所　c. たった今出たばかり ）という意味。

❸ 「先約が入っておりまして……」の「先約」は、（ a. 取引先との契約　b. 大切な約束　c. 以前からの約束 ）という意味。

❹ 「至急ご連絡ください」の「至急」は、（ a. あわてて　b. 急いで　c. 必ず ）という意味。

❺ 「差し支えなければ、会議の時間を変更していただきたいのですが」の「差し支えなければ」は、（ a. 都合が悪くなければ　b. 念のため　c. 暇だったら ）という意味。

問題2　次の_____に適当な言葉を入れましょう。

❶ 社外に電話をかける時、避けたい時間は _____、_____、_____

❷ 夜遅くに電話をかけた場合

「_____申し訳ございません。私、渋谷物産のリンと申しますが……。」

5 롤플레이(실전) (ロールプレイ〈実践〉)

▶ 実際に電話をしているように話しましょう。

次のロールカードはAの1～8とBの1～8がそれぞれペアになっています。Aのカードを持つ人が電話をかけ、Bのカードを持つ人が応対してください。相手のカードは見ないでメモを取りながら電話をしましょう。 ▶ 空欄には会社名を考えて入れる。

---

1 ロールカード　A

あなたは＿＿＿＿＿の社員です。
CD貿易に電話をかけ、営業部の佐藤さんに取り次いでもらってください。
いない場合は、後でこちらからかけ直すと伝えてください。

---

2 ロールカード　A

あなたは＿＿＿＿＿の社員です。
CD貿易に電話をかけ、営業部の佐藤さんに取り次いでもらってください。
いない場合は戻ったら電話がほしいと伝えてください。

---

3 ロールカード　A

あなたは＿＿＿＿＿の社員です。
CD貿易の営業部の佐藤さんに電話をかけ、昨日もらった新商品のパンフレットを10部追加でほしいと言ってください。
いない場合は伝言を頼んでください。

---

4 ロールカード　A

あなたは＿＿＿＿＿の社員です。
CD貿易の営業部の佐藤さんに電話をかけ、商品の注文数の件で至急確認したいと言ってください。

---

5 ロールカード　A

あなたは＿＿＿＿＿の社員です。
来週の展示会について、CD貿易の営業部の佐藤さんに問い合わせをします。
今話す時間があるかどうか聞いてください。

---

6 ロールカード　A

あなたは＿＿＿＿＿の社員です。
CD貿易の営業部の佐藤さんに電話をかけ、新商品を紹介したいので会社に行きたいとお願いし、日時を決めてください。

---

7 ロールカード　A

あなたは＿＿＿＿＿の営業部の社員です。
内線で経理部の中村部長に電話をかけ、イベントの予算について相談に行きたいと頼んでください。

---

8 ロールカード　A

あなたは＿＿＿＿＿の社員です。
CD貿易の営業部の佐藤さんに電話をかけ、来週の納品時間について相談したいので、明日中に電話がほしいと言ってください。

1 ロールカード　B	5 ロールカード　B
あなたはCD貿易（ぼうえき）の社員です。取引先（とりひきさき）から社内の人に電話がかかってきました。その人は今、外出中で、13時頃（ごろ）戻って来ます。応対（おうたい）してください。	あなたはCD貿易の佐藤（さとう）さんです。取引先から電話がかかってきました。応対してください。

2 ロールカード　B	6 ロールカード　B
あなたはCD貿易の社員です。取引先から社内の人に電話がかかってきました。その人は今、席（せき）を外（はず）しています。応対してください。	あなたはCD貿易の佐藤さんです。取引先から電話がかかってきました。応対してください。

3 ロールカード　B	7 ロールカード　B
あなたはCD貿易の社員です。取引先から社内の人に電話がかかってきました。その人は今、外出中で、17時頃戻って来ます。応対してください。	あなたは経理部（けいりぶ）の中村部長（なかむらぶちょう）です。内線（ないせん）で電話がかかってきました。応対してください。

4 ロールカード　B	8 ロールカード　B
あなたはCD貿易の社員です。取引先から社内の人に電話がかかってきました。その人は今、会議中（かいぎちゅう）です。応対してください。	（留守番電話（るすばんでんわ））現在、電話に出ることができません。ピーッと鳴（な）ったらお名前とご用件（ようけん）をどうぞ。（ピーッ）

II 비즈니스 일본어 익히기

5 전화로 약속 잡기 　電話　アポイントを取る

배우는 목적
電話でスムーズにアポイントが取れるようになる

구성
1. アポイントを取る流れ
2. 会話例
3. ロールプレイ〈練習〉
4. ロールプレイ〈応用〉

달성목표 체크
自信あり
☐ 電話をかけ、訪問のアポイントを取ることができる

🌼 이 과에서 기억할 단어

アポイント　　切り出す　　説明会　　変更

1 전화로 약속을 잡는 과정 (アポイントを取る流れ)

▶ アポイント（アポ）を取る時はどのようなケースがあるか見てみましょう。

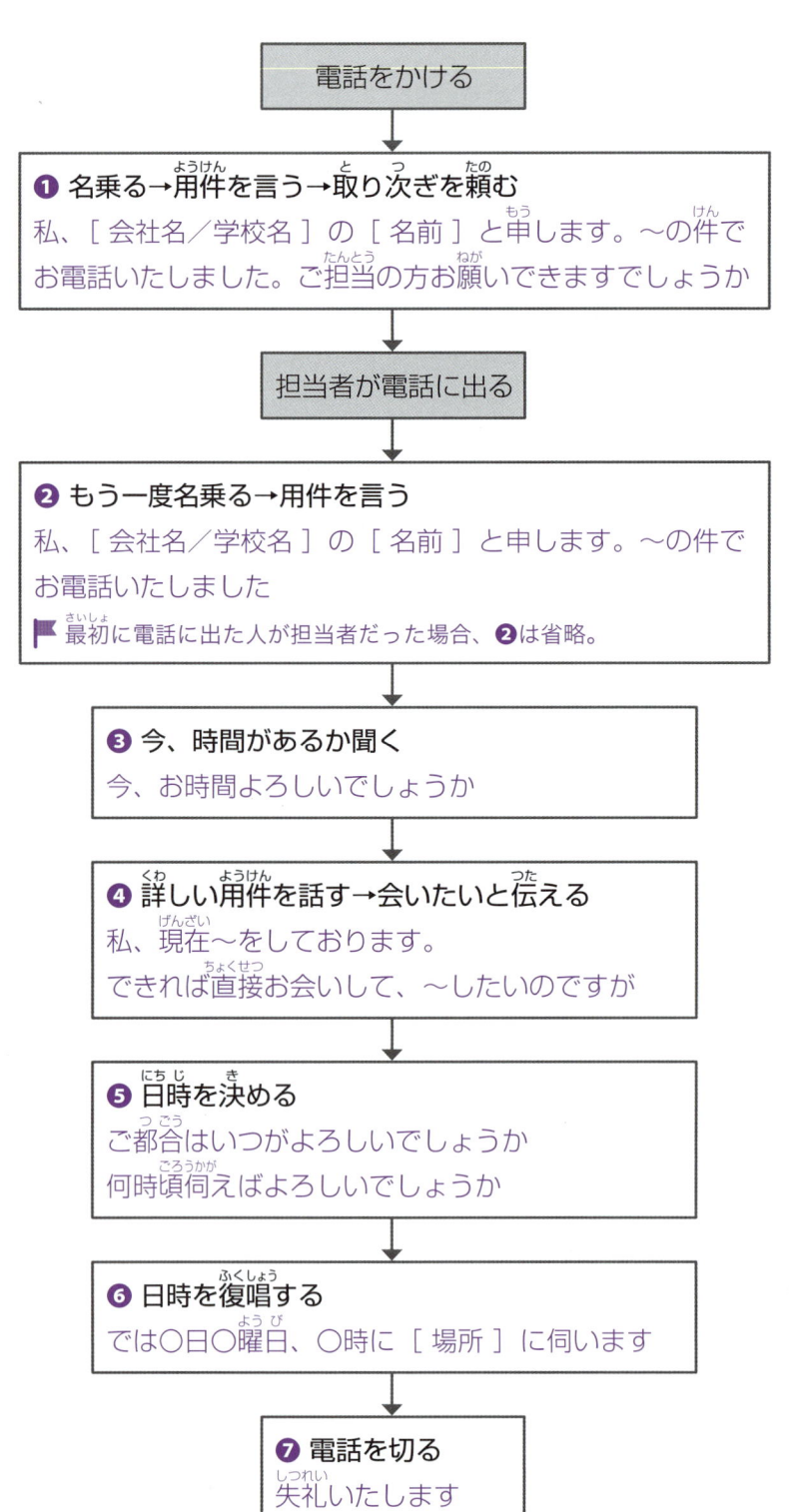

電話をかける

❶ 名乗る→用件を言う→取り次ぎを頼む
私、［会社名／学校名］の［名前］と申します。～の件でお電話いたしました。ご担当の方お願いできますでしょうか

担当者が電話に出る

❷ もう一度名乗る→用件を言う
私、［会社名／学校名］の［名前］と申します。～の件でお電話いたしました
🚩 最初に電話に出た人が担当者だった場合、❷は省略。

❸ 今、時間があるか聞く
今、お時間よろしいでしょうか

❹ 詳しい用件を話す→会いたいと伝える
私、現在～をしております。
できれば直接お会いして、～したいのですが

❺ 日時を決める
ご都合はいつがよろしいでしょうか
何時頃伺えばよろしいでしょうか

❻ 日時を復唱する
では〇日〇曜日、〇時に［場所］に伺います

❼ 電話を切る
失礼いたします

2 회화 예 (会話例)

▶ アポの取り方の例を見てみましょう。　　　🎵 音声ダウンロード 4

　　トムさんは就職活動をしています。ホームページを見て、渋谷物産に興味を持ちました。会社訪問をして、仕事の内容を聞きたいと思っています。どのようにアポを取ればいいでしょうか。あなたも、トムさんになったつもりで、練習しましょう。

❶ 名乗る→用件を言う→取り次ぎを頼む

受付　　はい、渋谷物産でございます。
トム　　(1)初めてお電話いたします。私、渋谷日本語学校のトム・クラークと申します。採用の件でお電話いたしました。
　　　　(2)恐れ入りますが、ご担当の方お願いできますでしょうか。
受付　　はい、少々お待ちください。

❷ もう一度名乗る→用件を言う

山田　　お待たせしました。人事部の山田です。
トム　　初めてお電話いたします。私、渋谷日本語学校のトム・クラークと申します。採用の件でお電話いたしました。

❸ 今、時間があるか聞く

トム　　(3)今、お時間よろしいでしょうか。
山田　　はい、どうぞ。

포인트

(1) 電話で「初めまして」と挨拶する時の表現

(2) 丁寧な前置き言葉を使う
　　他の例 「お忙しいところ申し訳ありませんが」

(3) いきなり用件を切り出さず、まずは相手に時間があるかを聞く

❹ 詳しい用件を話す→会いたいと伝える

トム　私は現在就職活動をしております。御社のホームページで求人情報を拝見しました。仕事の内容についてもう少し詳しくお聞きしたいのですが、説明会はありますか。

山田　説明会というのは特に予定していないのですが。

トム　そうですか。できれば直接お会いして、お話をお聞きしたいのですが。

山田　いいですよ。

トム　ありがとうございます。

❺ 日時を決める

トム　(4)ご都合はいつがよろしいでしょうか。

山田　今週は全部ふさがっているので、来週の火曜日はどうですか。

トム　はい、わかりました。何時頃伺えばよろしいでしょうか。

山田　では、15時に当社受付に来ていただけますか。

トム　はい、伺います。

(4) 一方的に自分の予定を伝えないで、まずは相手の都合を聞いたほうがいい
×1月10日、いいですか？

❻ 日時を復唱する

トム　(5)では〇〇日火曜日、15時に御社の受付に伺います。よろしくお願いします。

山田　はい、お待ちしています。

(5) 日時・場所は必ずメモを取り、復唱する
聞き間違えやすい時間である1時／7時は13時／19時と言いかえる

❼ 電話をきる

トム　(6)では、失礼いたします。

山田　失礼します。

(6) 相手にいい印象を与えられるように、最後の挨拶は明るい声で言う

3 롤플레이(연습) (ロールプレイ〈練習〉)

▶ _____ に入る言い方を考えて話しましょう。

あなたは就職活動をしています。興味を持った会社に電話をかけ、訪問のアポイントを取ってください。 🚩〈 〉の中は話す内容を表している。

❶ 名乗る→用件を言う→取り次ぎを頼む

受 付　はい、＿＿会社名＿＿でございます。

あなた　_____
　　　　　　　　　　　　　　　　　　　　　〈初めて電話すると言い、名乗る〉

　　　　_____
　　　　　　　　　　　　　　　　　　　　　　　　　〈用件を話す〉

　　　　_____
　　　　　　　　　　　　　　　　　　　　　　　　〈取り次ぎを頼む〉

受 付　はい、少々お待ちください。

❷❸ もう一度名乗る→用件を言う→今、時間があるか聞く

担当者　お待たせしました。人事部の〇〇［名前］です。

あなた　_____
　　　　　　　　　　　　　　　　　　　　　　　　　　〈名乗る〉

　　　　_____
　　　　　　　　　　　　　　　　　　　　　　　　　〈用件を言う〉

　　　　_____
　　　　　　　　　　　　　　　　　　　　　　　　〈時間があるか聞く〉

担当者　はい、どうぞ。

❹ 詳しい用件を話す→会いたいと伝える

あなた　_____
　　　　　　　　　　　　　　　　　　　　　　〈現在の状況を述べる〉

　　　　_____
　　　　　　　　　　　　　　　　　　　　　〈説明会があるか聞く〉

担当者　説明会というのは特に予定していないのですが。

あなた　_____
　　　　　　　　　　　　　　　　　　　　　〈直接会えるかと聞く〉

担当者　いいですよ。

あなた　_____
　　　　　　　　　　　　　　　　　　　　　　　　　〈礼を言う〉

❺ 日時を決める

あなた _____ 〈都合を聞く〉

担当者 _____はどうですか。

あなた _____ 〈承知し、時間を聞く〉

担当者 では、_____時に_____に来ていただけますか。

あなた _____ 〈承知する〉

❻ 日時を復唱する

あなた _____
_____

担当者 はい、お待ちしています。

❼ 電話をきる

あなた _____

担当者 失礼します。

4 롤플레이(응용) (ロールプレイ〈応用〉)

해답 별책 p.7

▶ 習った表現を参考に会話を考え、話しましょう。

p.97-98 の❸で取ったアポについて、日時の変更をしなければならなくなりました。変更を依頼する電話をかけてください。なぜ変更してほしいのか、理由も考えてください。

6 방문 訪問(ほうもん)

Ⅱ 비즈니스 일본어 익히기

배우는 목적
訪問(ほうもん)の場面(ばめん)で、相手(あいて)に失礼(しつれい)のない立居(たちい)ふるまいを身(み)につける

구성
1. 訪問(ほうもん)の流(なが)れ
2. 会話例(かいわれい)
3. 名刺交換(めいしこうかん)のマナー
4. ロールプレイ〈練習(れんしゅう)〉
5. ロールプレイ〈実践(じっせん)〉

달성목표 체크
自信あり
☐ 訪問時(ほうもんじ)に適切(てきせつ)なふるまい・会話(かいわ)・名刺交換(めいしこうかん)ができる

🍀 이 과에서 기억할 단어

訪問(ほうもん)	名刺交換(めいしこうかん)	応接室(おうせつしつ)	手土産(てみやげ)	本題(ほんだい)	新規(しんき)	上座(かみざ)
下座(しもざ)	(名刺(めいし)を)切(き)らす	召(め)し上(あ)がる	気遣(きづか)い	恐縮(きょうしゅく)		
頂戴(ちょうだい)	貴重(きちょう)な	名刺入(めいしい)れ				

1 방문의 과정 (訪問の流れ)

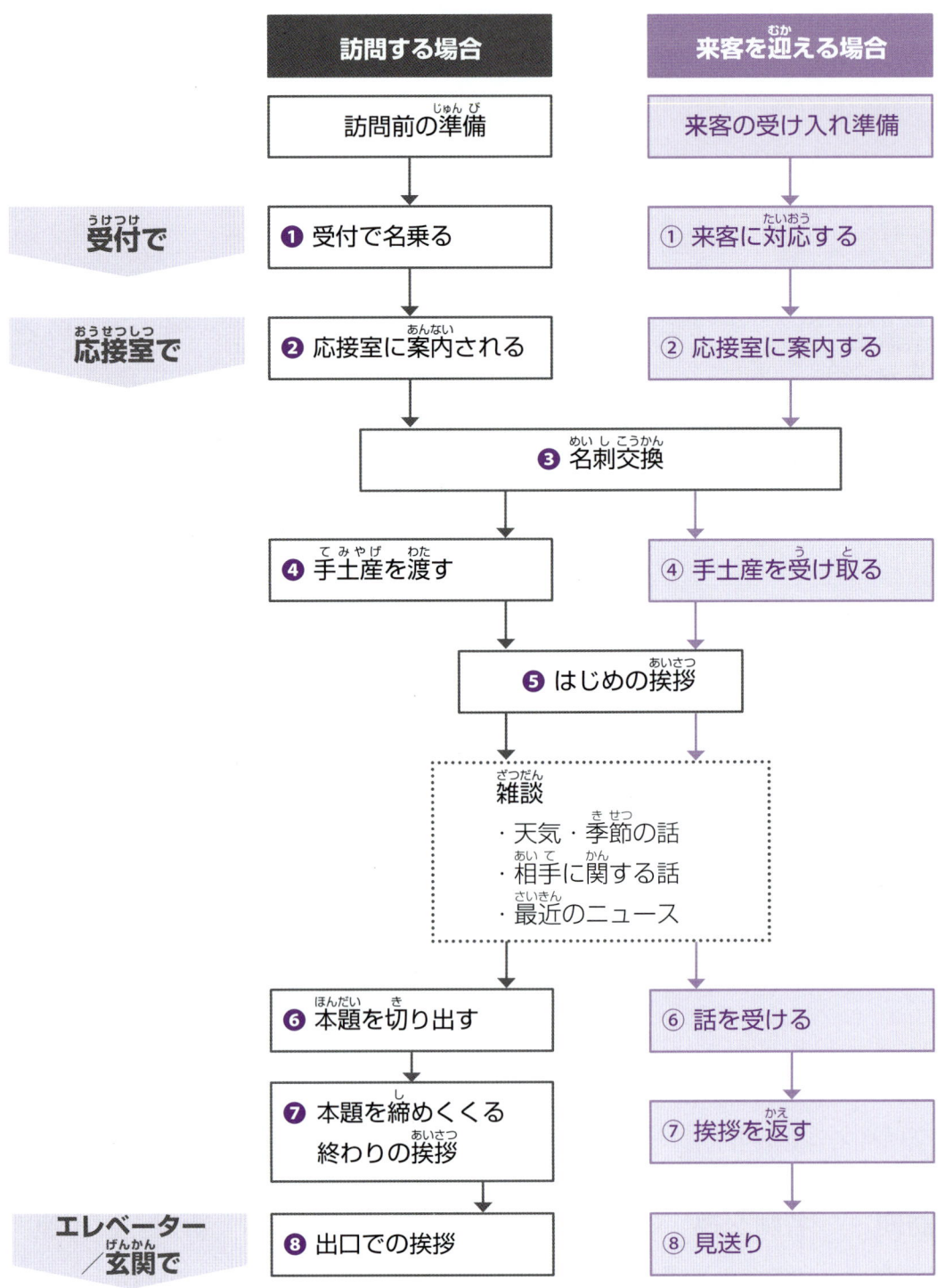

🚩 ④ 手土産は、帰り際に手渡してもよい。

2　회화 예 (会話例)

▶ 訪問の例を見てみましょう。

トムさんは渋谷物産営業部の社員です。他社を訪問したときの会話のやり取りや、マナーについて、あなたもトムさんになったつもりで練習しましょう。

訪問前の準備　下線に入る内容を考えましょう。
- 受付に着く時間は約束の時間の____分ほど前がよい。
- 万一遅れる場合は、_____。
- コートは脱いでから、受付に行く。
- 携帯電話を_____にしておく。

해답 별책 p.7

来客の受け入れ準備
- 来客のための部屋を予約しておく
- 飲み物などの手配をしておく
- 受付に来客の名前・来社時間を伝えておく

❶ 受付で名乗る

① アポがある場合

トム　(1)私、渋谷物産営業部のトム・クラークと申します。総務部の本田様と、15時にお約束をしております。

受付　(2)渋谷物産営業部のトム・クラーク様ですね。少々お待ちください。

② アポがない場合（新規開拓営業）

トム　私、渋谷物産営業部のトム・クラークと申します。〈名刺を渡す〉本日は当社の新商品のご紹介の件で伺ったのですが、ご担当の方をお願いできますでしょうか。

受付　渋谷物産営業部のトム・クラーク様ですね。確認いたしますので、少々お待ちください。

③ 無人受付の場合

トム　〈電話番号表などを見て、担当部署に内線をかける〉
私、渋谷物産営業部のトム・クラークと申します。総務部の本田様と、15時にお約束をしております。

포인트

青字 ＝ 訪問する側
黒字 ＝ 訪問される側

(1) 丁寧に名乗る

(2) 来客の社名・名前などは間違いのないように確認する

❷ 応接室に案内される

受付　どうぞ。〈入室を勧める〉
トム　(3)失礼いたします。〈部屋に入る〉
受付　(4)こちらにお掛けになってお待ちください。
トム　ありがとうございます。(5)〈座る〉

(3) 入・退室や着席する時の表現
(4) 来客には上座を勧める
(5) 座る場合は、勧められた席または下座に座る
🚩 詳しくは「上座・下座の基本ルール(p.105)」を参照。

❸ 名刺交換

トム　(6)〈ノックの音で立つ〉
本田　お待たせしました。
トム　(7)渋谷物産営業部のトム・クラークと申します。どうぞよろしくお願いいたします。〈名刺を差し出す〉
本田　本田です。〈名刺を差し出す〉よろしくお願いします。
トム　(8)ちょうだいします。〈名刺を受け取る〉

(6) ノックの音で立ち上がり、すぐに相手に名刺を渡せるよう準備しておく
(7) 会社名・部署名・名前を名乗りながら名刺を差し出す

(8) 名刺を受け取るときによく使われる表現
🚩 詳しくは「❸名刺交換のマナー(p.106)」を参照。

本田　(9)どうぞお掛けください。
トム　失礼します。(10)〈座る〉

(9) 来客に着席を勧める
(10) 勧められてから座る

① 名刺を忘れた場合や切らしてしまった場合

トム　申し訳ございません。今、(11)名刺を切らしておりまして……。
　　　私、トム・クラークと申します。どうぞよろしくお願いいたします。

(11) 名刺は絶対に忘れてはいけない
万一名刺を持ち合わせていない場合はこのような表現を使う

② 名前が聞き取れなかった場合

トム　・本田様……でよろしいでしょうか。
　　　　〈確認しながら話す〉
　　　・お名前をもう一度、お願いできますでしょうか。
　　　・お名前は何とお読みしたらよろしいでしょうか。

❹ 手土産を渡す

トム　こちら、⑿皆さんでお召し上がりください。
　　　〈手土産を渡す〉

本田　ああ、⒀これはどうもありがとうございます。

⑿ 食べ物を渡す時の表現

⒀ 他の例
　「お気遣いいただき、恐縮です」
　「それでは、遠慮なく頂戴いたします」

手土産に適しているもの
・小分けになっていて、皆に配れるもの
・日持ちがするもの

🚩 いつも必ず手土産を持っていくわけではない。

❺ はじめの挨拶→雑談

トム　⒁本日はお忙しいところ、お時間をいただきありがとうございます。

本田　こちらこそ、お越しいただきありがとうございます。
　　　最近寒くなってきましたね。⒂〈雑談をする〉

トム　そうですね、朝晩はかなり冷えますね。

⒁ 訪問の機会をもらったお礼を言う

⒂ 本題に入る前に、場の雰囲気を和らげるための会話

雑談の内容
① 天気・季節の話
　「暑いですね」「雨が続きますね」
　「早いもので、もう年末ですね」
② 相手に関する話
　（事前にニュースや、会社の雰囲気などをチェックしておく）

🚩 雑談をしないで、すぐ本題になる場合もある。

　雑談の返事は「そうですね」など相手を否定しないものがよい。

1 雑談例：相手の会社の話

トム　こちらには初めて伺いましたが、きれいなオフィスですね。

本田　ええ、まぁ、建ってからまだ3年なんですよ。

2 雑談例：最近のニュース

トム　先日、新聞に御社の記事が出ていましたね。

本田　ああ、ご覧になりましたか。

❻ 本題を切り出す

トム　⒃では、早速ですが、今月発売になりました弊社の新商品をご紹介させていただきたいと思いまして。

⒃ 雑談から本題に移る時の表現

❼ 本題を締めくくる→終わりの挨拶

トム　⒄では、本日はこのへんで……。貴重なお時間をいただき、ありがとうございました。
本田　いえ、こちらこそありがとうございました。
トム　{では、また連絡させていただきます。
　　　／ご連絡お待ちしております。}
本田　わかりました。

⒄ 話を切り上げる時よく使われる表現

❽ 出口での挨拶

⒅〈ビルの入口やエレベーター前まで案内する〉
トム　では、こちらで失礼いたします。
本田　失礼いたします。

⒅ 重要な来客などの場合は、ビルの入口やエレベーターの前まで行って見送るのが礼儀

응접실에서의 매너

- 担当者が来るまで、きちんと座って静かに待つ。
- 携帯電話の扱いに気をつける。
　（たとえマナーモードでも、相手を不快にさせることもある）

誰もいなくても気を抜いてはいけません！

상석(上座)・말석(下座)의 기본 규칙

ビジネス場面では、立場や役職によって座席の位置が決まっています。目上の人が座る場所を「上座」、目下の人が座る場所を「下座」と言います。下のイラストで確認しましょう。①〜⑤が上座〜下座の順です。

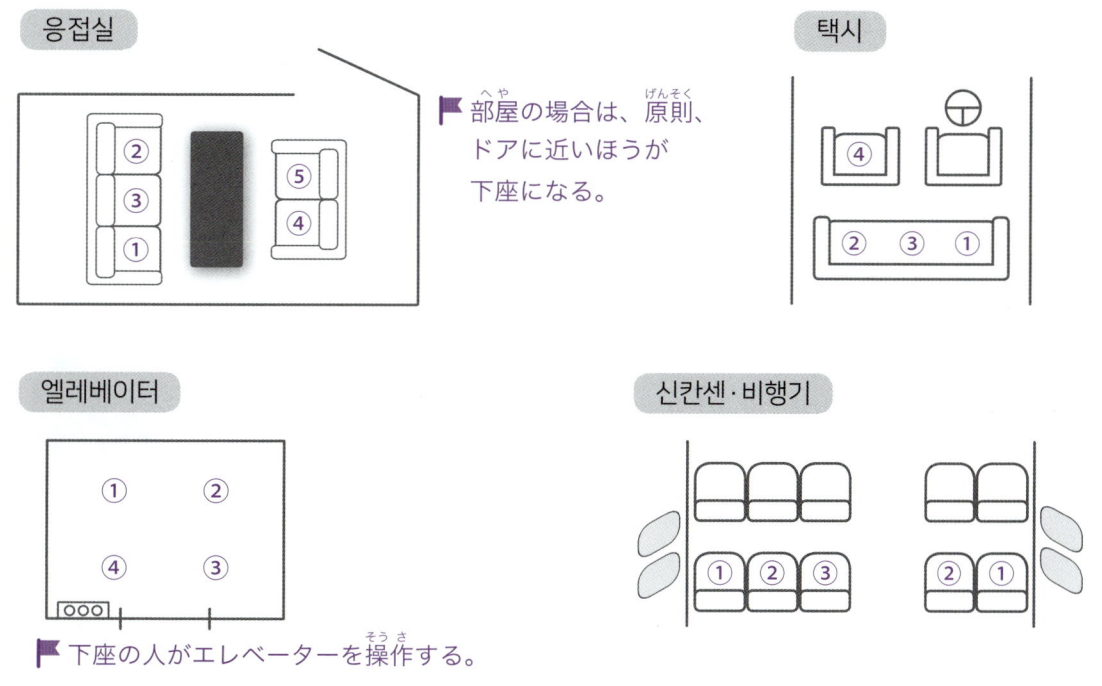

▶ 部屋の場合は、原則、ドアに近いほうが下座になる。

▶ 下座の人がエレベーターを操作する。

선물을 건네는 방법과 받는 방법

건넬 때 주의 사항

- 正式には、袋から出して、文字が書かれていれば、相手が読める向きにして渡す。

- 急いでいる場合や外で渡す場合は袋に入れたまま、相手が持ち手をつかみやすい方向で差し出す。

받을 때 주의 사항

- お礼を言って、両手で受け取る。
- 手土産をもらったら、上司にも報告し、関係者で分ける。
- 自分一人で食べるなどはNG。

3 명함 교환의 매너 (名刺交換のマナー)

▶ 名刺交換について学びましょう。

　名刺交換は、日本のビジネス場面では当たり前に行われている慣習です。相手に失礼にならないようにマナーを学び、自然な動作でスムーズにできるように練習しましょう。

❶ 名刺の渡し方

　名乗る前に名刺を取り出しておく。
　名刺を差し出すときは、相手が読める向きにして出す。
　胸の前から相手の胸のあたりに向けて差し出す。

🚩 名刺は、専用の名刺入れに入れて持ち歩くのがマナー。
　　財布や定期入れなどに入れておかないこと。

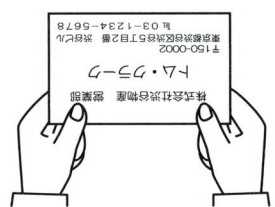

❷ 一人ずつ交換する場合　渡す人：A → 受け取る人：B

　渡す時も受け取る時も、名刺は両手で扱う。

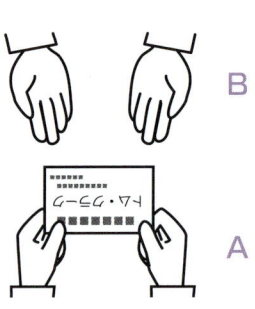

❸ 同時に交換する場合　A ⇔ B

　両者が同時に自分の名刺を右手に持ち、相手の名刺を左手で受け取る。
　左手には自分の名刺入れを持ち、その上に相手の名刺を置いてもらうようにするとスムーズにできる。

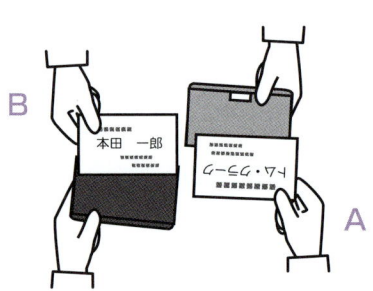

❹ 渡す順序：目下→目上

目下の人から目上の人に先に名刺を渡す。
（同時交換の場合もある）

渡す順序：訪問者→訪問先
訪問した人から訪問した相手に先に名刺を渡す。

❺ 渡す順序：相手が複数の場合
一般的には、立場が上の人から順番に渡しはじめる。
受け取った名刺は、名刺入れの下に重ねて、次の人の名刺を受け取るとスムーズ。

❻ 名刺を置く位置
相手と話している間、名刺はテーブルの上に置いておく。
相手が二人以上いる場合、名刺を置く位置は、相手が座っている位置に合わせると名前を確認しやすい。

❼ 名刺をしまうタイミング
話が終わり、そろそろ失礼する時になったら、丁寧に名刺を重ねて名刺入れの中にしまう。
そのままポケットやかばんに入れてはいけない。

❽ その他の注意
名刺を手でもてあそんではいけない。
名刺にその場でメモなどを書き込まない。
（自社に戻ってからならOK）

相手の顔と同じだと思い、大切に扱いましょう。

4 롤플레이(연습) (ロールプレイ〈練習〉)

▶ ＿＿＿に入る言い方を考えて話しましょう。

あなたは渋谷物産営業部の社員です。取引先ＡＢ商事の本田さんを訪問します。適切な受け答えをしてください。🚩〈 〉の中は動作を表している。

❶ 受付で名乗る（アポがある場合）

あなた ＿＿＿＿＿＿＿＿＿＿＿＿＿＿＿＿＿＿＿

　　　　＿＿＿＿＿＿＿＿＿＿＿＿＿＿＿＿＿＿＿

受　付　〇〇様ですね。少々お待ちください。

❷ 応接室に案内される

受　付　どうぞ。〈入室を勧める〉

あなた ＿＿＿＿＿＿＿＿＿＿＿＿＿＿＿＿〈部屋に入る〉

受　付　こちらにお掛けになってお待ちください。

あなた ＿＿＿＿＿＿＿＿＿＿＿＿＿＿＿＿＿〈座る〉

❸ 名刺交換

本　田　〈ノックして入室する〉お待たせしました。

あなた ＿＿＿＿＿＿＿＿＿＿＿＿＿＿〈名刺を差し出す〉

本　田　本田です。よろしくお願いします。

あなた ＿＿＿＿＿＿＿＿＿＿＿＿＿＿〈名刺を受け取る〉

本　田　どうぞお掛けください。

あなた ＿＿＿＿＿＿＿＿＿＿＿＿＿＿＿＿＿〈座る〉

❹ 手土産を渡す

あなた ＿＿＿＿＿＿＿＿＿＿＿＿＿＿＿＿＿〈渡す〉

本　田　ああ、これはどうもありがとうございます。

❺ はじめの挨拶→雑談

あなた ＿＿＿＿＿＿＿＿＿＿＿＿＿＿＿＿＿＿＿＿＿＿＿＿＿＿＿＿

本　田　こちらこそ、お越しいただきありがとうございます。

〈雑談をする〉

あなた ＿＿＿＿＿＿＿＿＿＿＿＿＿＿＿＿＿＿＿＿＿＿＿＿＿＿＿＿

❻ 本題を切り出す

あなた ＿＿＿＿＿＿＿＿＿＿＿＿＿＿＿＿＿＿＿＿＿＿＿＿＿＿＿＿
＿＿＿＿＿＿＿＿＿＿＿＿＿＿＿＿＿＿＿＿＿＿＿＿＿＿＿＿＿＿＿＿

❼ 本題を締めくくる→終わりの挨拶

あなた ＿＿＿＿＿＿＿＿＿＿＿＿＿＿＿＿＿＿＿＿＿＿＿＿＿＿＿＿

本　田　いえ、こちらこそありがとうございました。

あなた ＿＿＿＿＿＿＿＿＿＿＿＿＿＿＿＿＿＿＿＿＿＿＿＿＿＿＿＿

本　田　わかりました。

❽ 出口での挨拶

本　田　では、こちらへ。〈応接室を出て、ビルの入り口やエレベーター前まで案内する〉

あなた ＿＿＿＿＿＿＿＿＿＿＿＿＿＿＿＿＿＿＿＿＿＿＿＿＿＿＿＿

本　田　失礼いたします。

5 롤플레이(실전) (ロールプレイ〈実践〉)

▶ 実際に動きながら話しましょう。

以下の３つの役割に分かれ、教材を見ずに、習った表現を使ってロールプレイをしてみましょう。

ロールカード　A

あなたは渋谷物産営業部の社員です。
ＡＢ商事を訪問し、総務部の本田さんに新商品の紹介をしてください。
アポは取ってあります。ＡＢ商事に行くのも、本田さんに会うのも初めてです。

ロールカード　B

あなたはAB商事総務部の社員です。
受付で来客応対をして、内線で本田さんに連絡し、お客様を応接室まで案内してください。その後、お茶を出してください。

ロールカード　C

あなたはＡＢ商事総務部の本田さんです。
渋谷物産の社員が来社します。応対してください。

> 롤플레이할 때의 배치 (예)

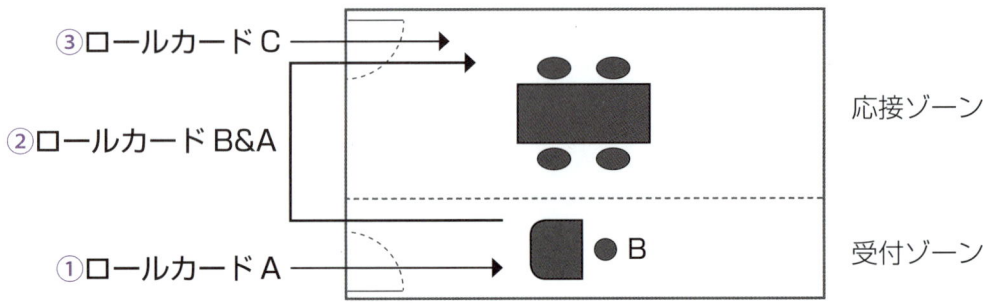

7 비즈니스 메일 ビジネスメール

Ⅱ 비즈니스 일본어 익히기

배우는 목적
基本的なビジネスメールが書けるようになる

구성
1. ビジネスメールの基本
2. ビジネスメールでよく使う表現
3. ビジネスメールの例
4. 課題1（署名欄の設定など）
5. 課題2（志望先企業にメールを書く）
6. 課題3（自分の上司にメールを書く）

달성목표 체크

自信あり
☐ ビジネスメールの基本を理解し、慣用的な表現が使える

自信あり
☐ 承諾・依頼のメールが書ける

 이 과에서 기억할 단어

ビジネスメール	署名	慣用的な	承諾	依頼	発信
差出人	受信	宛先	件名	本文	宛名	結び
おわび	手数をかける	詳細（な）	箇条書き	応募	下記

1 비즈니스 메일의 기본 (ビジネスメールの基本)

해답 별책 p.7

▶ ビジネスメールの書式と書き方について学びましょう。

ビジネスメールには、件名や宛名の書き方・挨拶表現などに様々なルールやマナーがあります。次のメールには不適切な箇所がいくつかあります。どこが不適切なのか、考えましょう。

메일의 구성

- 発信者（差出人）
- 受信者（宛先）
- 件名
- 本文
  - ① 宛名
  - ② はじめの挨拶
  - ③ 用件
  - ④ 結びの挨拶
- 署名

From	Lovelove-tomc@efg.co.jp
To	info@shibuyacorp.com
Cc	
Bcc	
件名	説明会のことで聞きたいです。
本文	①㈱渋谷物産様 ②こんにちは。 トム・クラークです。 ③今回、○月○日に御社の説明会があることを知りました。ぜひ参加したいのですが、今からでも申し込みは間に合うでしょうか。 ④ありがとうございました。
署名	Tom Clark （^.^）♪　トム・クラーク
ファイル	ファイルを選択する

送信する　下書き保存する　キャンセルする

2 메일에서 자주 쓰는 표현 (ビジネスメールでよく使う表現)

▶ 以下の表現の意味を確認し、メールを書くときに役立てましょう。

件名	• ～のお願い、～のお礼、～のおわび • ～のご連絡、～のご報告、～のご挨拶、～のご案内 • ～の件、～について
はじめの挨拶	• いつもお世話になっております。 • 初めてご連絡いたします。／突然のメールで失礼いたします。
お礼	• 先日は～いただき、ありがとうございました。
返信	• ご連絡をいただき、ありがとうございました。 • メールを拝見しました。 • お返事（ご返信）が遅くなり、申し訳ございません。
本題を切り出す	• 早速ですが～／さて～／このたび～ • （状況説明）つきましては、（依頼の内容）
依頼	• （理由）ので、（名詞）をお願いできますでしょうか。 • （理由）ので、（動詞 -て形）いただけますでしょうか。 • （理由）ので、（動詞 -て形）いただくことは {できますでしょうか。／可能でしょうか。} • （動詞 -て形）いただければ幸いです。
おわび	• お手数をおかけし、大変申し訳ございませんでした。 • ご迷惑をおかけし、大変申し訳ございません。深くおわび申し上げます。 ▶「すみません」は使わない。
結びの挨拶	• どうぞよろしくお願いいたします。 • 何卒よろしくお願い申し上げます。
クッション言葉	• 恐れ入りますが／お手数をおかけしますが／ご多忙とは存じますが／申し訳ございませんが ▶ 依頼する時や断る時などに相手に柔らかく伝える言葉。

3　비즈니스 메일의 예 (ビジネスメールの例)

▶ 社外メールと社内メールの違いを理解しましょう。

1 사외(社外) 메일

From： tomclark@shibuyacorp.com
To： honda@ABsyoji.co.jp
件名： 新製品の発表展示会⑴のご案内

⑵株式会社ＡＢ商事
⑶総務部　課長　本田一郎様

いつもお世話になっております。
⑷渋谷物産営業部のトム・クラークです。

このたび弊社は、新商品の発表展示会を開催することになりました。つきましては、ご多忙とは存じますが、ご来場くださいますよう、下記の件、ご案内申し上げます。

⑸日時：7月10日（金）10：00～17：00
　場所：渋谷会館7階展示場
　詳細：http://www.officeman.co.jp

なお、ご出欠のお返事は7月3日（金）までにいただければ幸いです。
お手数をおかけしますが、何卒よろしくお願い申し上げます。

⑹＊＊＊＊＊＊＊＊＊＊＊＊＊＊＊＊＊＊＊＊＊＊＊＊＊＊＊＊＊
⑺㈱渋谷物産　営業部
トム・クラーク
E-mail：tomclark@shibuyacorp.com
〒150-0002　渋谷区渋谷5丁目2番　渋谷ビル
電話番号：03-1234-5678
URL：http://www.shibuyacorp.com
＊＊＊＊＊＊＊＊＊＊＊＊＊＊＊＊＊＊＊＊＊＊＊＊＊＊＊＊＊

포인트

⑴ 用件がひと目でわかる件名、名詞止めの形がよい

⑵ 相手の会社名は正式なものを書く
「株式会社」を㈱、有限会社を㈲と省略するのは NG

⑶ 宛名は「部署名＋役職＋名前＋様」を入れる

⑷ 自分の名前は「会社名＋部署名＋自分の名前」を入れる

⑸ 日時、場所、詳細などは箇条書きにすると、わかりやすい

⑹ 設定した署名を入れる

⑺ 自社名は㈱だけでも OK

2 사내(社內)메일

From：	tomclark@shibuyacorp.com
To：	furukawa@shibuyacorp.com
件名：	7月10日新製品の発表展示会についての確認

(1)総務部　古川様

(2)お疲れ様です。営業部のクラークです。
7月10日の新商品発表展示会について、2点確認したいことがあります。
1．会場準備のサポートには、総務部から何名来ていただけますでしょうか。
2．発表者用のマイク3本は、そちらで用意していただけますか。
7月3日までにお返事をいただければ助かります。
どうぞよろしくお願いします。

営業部　トム・クラーク

(1) 会社名は不要。同じ部なら部署名も不要

(2) 社内の場合は「いつもお世話になっております」は使わない
「お疲れ様です」は会社によっては使わない場合もある

3 사외(社外) 메일과 사내(社內) 메일의 차이

해답 별책 p.8

▶ ①～④に適切な言葉を入れましょう。

社外メール		社内メール
[会社名] [部署名] [役職] [名前]　様	宛名	①
②	はじめの挨拶	③
[会社名] [部署名] の [名前] です 初めて連絡する相手 [会社名＋部署名] の [名前] と申します	本文の中で名乗る	④

4 과제1 서명란의 설정 등 (署名欄の設定など)

▶ 学んだことを活かして実際にメールの設定をしましょう。

❶ 自分のメールアドレスの確認をする

- 現在使用しているメールで日本語が文字化けする場合は、問題なく使えるメールアドレスを取得し、指導者などにメールを送って文字化けしないか確認する。

  🚩 コンピューターなどで文字を表示する時に正しく表示されないこと。

  🚩 できれば「就活専用メールアドレス」を作成し、情報を整理した方がよい。

❷ 発信者名の設定をする

- メールの「設定」や「オプション」から、自分の名前と所属を入力する

  例　Tom Clark（渋谷日本語学校）
  　　林　怡思（渋谷物産）

  🚩 きちんとフルネームにし、略称などは使わない。

❸ 署名欄の設定をする

- メールの「設定」や「オプション」から、自動入力の設定をしておく
- 署名は5〜6行以内にまとめる
- 住所・TELといった自分の情報をきちんと入れる

  서명(署名)의 예

```
*******************************************
Tom Clark　（トム・クラーク）
渋谷日本語学校
ビジネス日本語コース　学生
〒154-0017　東京都世田谷区世田谷6-1
　　　　　　　世田谷ハウス201号室
TEL　090-3333-4444
tomclark@efg.co.jp
*******************************************
```

🚩 学生の場合は自宅の連絡先を、会社員の場合は会社の連絡先を入れる。

❹ p.112「❶ビジネスメールの基本」にあるメールを、正しく書き直して自分のメールアドレスから指導者などに提出する

🚩「トム・クラーク」ではなく、自分の名前で書きましょう。

5 과제2 지원기업에 메일 쓰기 (志望先企業にメールを書く)

해답 별책 p.9～10

▶ 以下のメールを読みましょう。

志望先の企業から面接日を連絡するメールが来ました。内容を確認しましょう。

From：	yyamada@shibuyacorp.com
To：	tomclark@efg.co.jp
件名：	面接日のご連絡

トム・クラーク様

渋谷物産人事部の山田と申します。
このたびは弊社の面接にご応募いただきありがとうございます。
下記の通り、面接日が決まりましたのでご連絡いたします。

日時：○月○日　１３：００
場所：弊社２Ｆ　会議室

ご都合の悪い場合は、こちらまでご連絡ください。
どうぞよろしくお願いいたします。

▶ このメールに返信のメールを作成しましょう。 ❶と❷は別々にメールを書いてください。

❶ 承諾のメール
❷ 日時の変更依頼のメール（理由：その日は学校の期末テストがあるため）

6 과제3 자신의 상사에게 메일 쓰기 (自分の上司にメールを書く)

해답 별책 p.11

▶ 以下の内容のメールを書きましょう。

あなたは営業部の社員です。来週行うプレゼンの資料を作成したので、上司の小川課長にチェックしてほしいと思っています。依頼のメールを作成しましょう。
資料は添付して送ることになっています。

III 직장인의 기본자세 익히기

1. 보고·연락·상담（報·連·相） 121
2. 사례 연구 ① 125
3. 사례 연구 ② 129

社会人として必要な基本的な知識や考え方、習慣を学びましょう！

III 직장인의 기본 자세 익히기

1 보고・연락・상담 報・連・相

배우는 목적

職場でのコミュニケーションの基本「報告・連絡・相談」を理解する

구성

1. 報・連・相とは
2. 報・連・相のタイミングと相手
3. タスク
4. ふり返り

달성목표 체크

自信あり

☐ 仕事上で、何を「報告・連絡・相談」するべきか、判断できる

🍀 이 과에서 기억할 단어

報告　連絡　相談　共有　遂行　進捗状況　先輩　部下
同僚　得意先　　クレーム　　至急　出向く　遅延　始業時間

1 직장인의 기본 ほう・れん・そう (社会人の基本 報・連・相)

▶ ビジネスで大切な「報・連・相」とは何でしょうか。以下を読んで確認しましょう。

　「報・連・相」とは「報告・連絡・相談」の略で、職場での大切なコミュニケーションのことです。皆が同じ目標に向かって仕事をするために、報・連・相によって情報を共有することが必要です。

　報・連・相がうまくできなければ、皆の意識の統一ができず、皆で同じ方向に進めないため、人数分の成果が上げられません。

　報・連・相は仕事を遂行するために、なくてはならないコミュニケーションです。

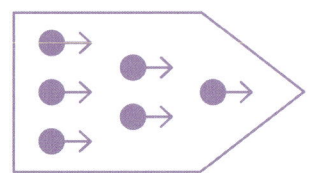

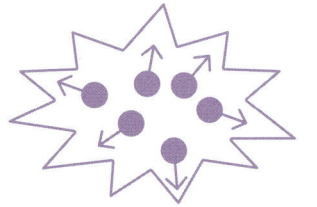

2 報・連・相の타이밍과 상대 (報・連・相のタイミングと相手)

▶ 「いつ・だれに・何を」するのか、確認しましょう。

報告
　仕事の進捗状況や結果を、業務の指示をした上司や先輩に知らせる。その他、トラブルやクレームなどが発生した場合も、直ちに報告しなくてはならない。

連絡
　共有すべき情報を、関係者に伝える。どの範囲の人まで情報を共有したらよいかなど、初めは先輩に確認する。連絡は、上司からすることも部下からすることもある。

相談
　わからないことや判断に迷うことがあった場合に、上司や先輩、同僚に意見を聞いたりアドバイスをもらったりする。一人で考え込んだり自分だけで判断したりせずに必ず相談し、相談した相手には必ず結果を報告する。

3 실전 연습 (TASK)

해답 별책 p.12～13

▶ 以下の❶～❺のケースの問題点を挙げ、その理由と改善方法を考えてみましょう。まず自分で考え、それからグループで話し合いましょう。

❶ 課長から新商品をお客様にプレゼンテーションするように水曜日に指示された。プレゼンは翌週の水曜日だったので、その前日にプレゼンのスライドを完成させて課長に見せに行った。

> 1　問題点　　2　その理由　　3　改善方法

❷ 得意先からクレームの電話があり、至急出向いて対応した。自分でちゃんと解決できたと思ったので、上司には報告しなかった。翌日、得意先から上司に対応へのお礼の電話があり、その後、上司に呼ばれて注意を受けた。

> 1　問題点　　2　その理由　　3　改善方法

❸ お客様からオフィスの引っ越しで来月から住所が変わるとメールがあった。担当は自分で、その上休眠顧客（しばらく取引がないお客様）なので、自分が知っていればよいと思い、誰にも連絡しなかった。

> 1　問題点　　2　その理由　　3　改善方法

❹ 朝、出勤で乗っていた電車が遅延していたが、車内は満員で電話もメールもできる状況ではなかった。途中の駅で降りればできたが、もっと遅れると思い、降りずに目的の駅まで乗っていたら、着いた時には始業時間を過ぎていたので、急いで上司に連絡した。

1 問題点　　2 その理由　　3 改善方法

❺ 入社して研修も終わり1ヶ月たったが、電話応対がうまくできない。すっかり自信をなくし、電話がかかってくると逃げたくなる。社内には外国人社員は自分一人で、親しい人もいない。このままでは周囲に迷惑をかけるばかりなので、会社を辞めたほうがいいのではないかと悩んでいる。

1 問題点　　2 その理由　　3 改善方法

4 복습 (ふり返り)

▶ この課を通して、あなたは「報・連・相」について、どんなことが重要だと思いましたか。

III 직장인의 기본 자세 익히기

2 사례 연구 ① ケーススタディ ①

배우는 목적

1　ビジネス場面で起こったケース（仕事の進め方の問題）を読み、当事者の立場で考える
2　グループディスカッションを通し、様々な考え方があることを知り、視野を広げる

구성

1. ケース読解
2. ケースに関する話し合い
3. タスク

달성목표 체크

自信あり
□　ビジネス場面で問題が起きた時、解決策を見出すことができる

 이 과에서 기억할 단어

ケーススタディ	当事者（とうじしゃ）	ディスカッション	視野（しや）
解決策（かいけつさく）	見出す（みいだす）	上司（じょうし）	専門商社（せんもんしょうしゃ）	交渉（こうしょう）	通訳（つうやく）
翻訳（ほんやく）	会食（かいしょく）	取引先（とりひきさき）	下書き（したがき）	席を外す（せきをはずす）

125

1 사례 읽기 (ケース読解)

▶ 次のケースを読みましょう。

上司の命令

　ヤンさんは中国出身の女性で、日本の専門商社に入社して1ヶ月ほどになりました。ヤンさんは、来日する前に、既に中国で日本語能力試験N1に合格し、日系の企業に2年ほど勤務していました。また、今の会社に入る前も、日本語学校で1年間ビジネス日本語を勉強していたので、高いレベルの日本語能力を身につけています。今の会社では、中国の取引先との交渉や通訳、書類の翻訳、また日本の関連会社とのやり取りも担当することになりました。

　ある日、午後5時を過ぎたころ、課長の寺田さんから、「N商事の大島部長に、今日のお昼の会食のお礼のメールを書いてほしいんだけど。一応、下書きを書いて、私に見せてから送ってね」と言われました。N商事は、長年付き合いのある取引先で、大島部長は、今日、課長の寺田さんと今回N商事の担当になったヤンさんを、食事に招待してくれたのです。

　ヤンさんは、早速お礼のメールを書きはじめました。この会社に入社してから取引先に自分で日本語のメールを書くのは初めてでしたが、以前の会社でもよくメールを書いていましたし、ちゃんと書ける自信がありました。そして、下書きを書き終え、課長に見せに行きました。

　しかし、課長は席を外していて、退社時間の6時を過ぎても戻って来ませんでした。ヤンさんは今晩、友達と約束があり、早めに退社しようと思っていました。メールも間違いはないと自信がありましたし、明日送るより今日中に送ったほうがいいと思ったので、寺田課長をCcに入れて、大島部長に送りました。

　翌日、ヤンさんが出社すると寺田課長に呼び出されて、「どうして勝手に大島部長にメールを送っちゃったの。私に見せてから送ってと言ったでしょう」と、怒られました。ヤンさんは、自分で十分にメールを見直したことや、課長が席を外していていなかったこと、早く送ったほうがいいと思ったことなどを課長に説明しました。すると課長は、「ヤンさんの言うこともわかるけれど、まずは私が指示した通りにしてくれないと。それにメールも文法の間違いはなかったけれど、『料理も十分においしく、

大変満足しました』っていう言い方ね、ちょっと……相手に失礼だよ」と言いました。
　ヤンさんは、課長が指示を守ることをそれほど重要に思っていることや、自分では丁寧に書けたと思っていたメールが実は失礼だったと聞いてとてもショックを受け、自信をなくしてしまいました。ヤンさんはどうすればよかったのでしょうか。

2　사례에 관해 토의하기 (ケースに関する話し合い)

해답 별책 p.13～14

▶ 以下の❶〜❹について、まず自分で考え、それからグループで話し合いましょう。グループの人の意見を〈他者の意見〉にまとめ、比べてみましょう。

❶　「どうして勝手に大島部長にメールを送っちゃったの。私に見せてから送ってと言ったでしょう」と言った時、寺田課長はどんな気持ちだったでしょうか。

〈自分の意見〉	〈他者の意見〉

❷　そう言われた時、ヤンさんはどんな気持ちだったでしょうか。

〈自分の意見〉	〈他者の意見〉

❸　『料理も十分においしく、大変満足しました』
　　この言い方がなぜよくないのでしょうか。どのように言えばいいのでしょうか。

❹ このような状況になってしまったのは、なぜでしょうか。考えられる問題点をできるだけ挙げなさい。また問題点についてどうすればいいでしょうか。

〈問題点〉	〈どうすればいいか〉
課長	課長
ヤンさん	ヤンさん

3 실전 연습 (TASK)

해답 별책 p.14

▶ 考えて書きましょう。

　寺田課長が戻って来ないので、ヤンさんはメールをN商事に送らずに、寺田課長にメモを残して帰ることにしました。どのようなメモがいいですか。

4 (과제) 복습 (ふり返り)

▶ このケーススタディを通して、あなたはどんなことに気がつきましたか。

Ⅲ 직장인의 기본 자세 익히기

3 사례 연구 ② ケーススタディ ②

배우는 목적

1　ビジネス場面で起こったケース（慣習の違いによる問題）を読み、当事者の立場で考える
2　グループディスカッションを通し、様々な考え方があることを知り、視野を広げる

구성

1　ケース読解
2　ケースに関する話し合い
3　タスク
4　ふり返り

달성목표 체크

自信あり
☐　ビジネス場面で問題が起きた時、解決策を見出すことができる

🍀 **이 과에서 기억할 단어**

かんしゅう	かんげいかい	かくだい	ぞういん	はいぞく	てんしょく	そうべつかい
慣習	歓迎会	拡大	増員	配属	転職	送別会

いったいかん	いっかん	ざんぎょうだい	えんじょ	ちゅうざい	こんしん	ふんいき
一体感	一環	残業代	援助	駐在	懇親	雰囲気

とくべつあつか
特別扱い

1 사례 읽기 (ケース読解)

▶ 次のケースを読みましょう。

新人の歓迎会

　私、小林はAB商事で営業部の課長をしています。業務の拡大に伴って増員を要求していたところ、今年4月に二人が配属されることになりました。一人は他のメーカーから転職してきた田中君で、もう一人は香港から日本の大学に留学してその後ビジネス日本語を学んだというジェイソン君です。配属後すぐ二人に「さっそく君たちの歓迎会をやろうと思うが、金曜日の夜7時はどうか」と声をかけたところ、ジェイソン君から「業務時間外は困ります。それにお酒は好きではないし、仕事とプライベートは分けたいので、歓迎会はいりません」という言葉が返って来ました。

小林：どの部署でも歓迎会や送別会は慣習としてやっているんだが、チームの一体感を高めるためなんだ。その意味では仕事の一環と思ってもらいたい。

J　：でも仕事なら残業になりますけど、残業代は出ないですよね。

小林：残業代は出ないけど、当日の飲食代は会社から援助が出るんだ。

J　：仕事が終わったあとはプライベートの時間を楽しみたいです。

小林：そうか、では今回は田中君のみの歓迎会となるが、それでもいいのか。

J　：それでも構いません。

　「なんだ、こいつは！」と思いながらジェイソン君とのやり取りを他の社員に話したら、案の定、「新人のくせにそんな偉そうなことを言うヤツの面倒はみるもんか。だいたい課長も甘すぎる」といった声がありました。そんな中でアメリカ駐在を経験している木村君から「例えばランチタイムや業務時間内に懇親の機会を設けてはどうでしょう。アメリカでは誕生会とか歓迎会をオフィスで勤務時間内にやることもありますよ」という発言がありました。

　私としては社会経験の少ない、しかも外国人社員には早く課の雰囲気に溶け込んでもらいたいので歓迎会は必要だと思うのですが、一人だけ特別扱いすることもよくないので、従来の慣習どおりの歓迎会としたいのです。課の雰囲気が悪くなるのが心配です。

2 사례에 관해 토의하기 (ケースに関する話し合い)

해답 별책 p.14

▶ 以下の❶～❸について、まず自分で考え、それからグループで話し合いましょう。グループの人の意見を〈他者の意見〉にまとめ、比べてみましょう。

❶ ジェイソン君は「歓迎会をやりたい」と言われた時、どんな気持ちだったでしょうか。

〈自分の意見〉	〈他者の意見〉

❷ 小林さんは、なぜ歓迎会を金曜日の夜7時からやりたいと言っているのでしょうか。

〈自分の意見〉	〈他者の意見〉

❸ 二人の主張がすれ違ってしまったのは、なぜでしょうか。考えられる問題点を挙げなさい。また問題点についてどうすればいいでしょうか。

〈問題点〉	〈どうすればいいか〉
ジェイソン君	ジェイソン君
小林さん	小林さん

3 실전 연습 (TASK)

해답 별책 p.15

▶ 会話を考えて書きましょう。

2-3の改善策を踏まえて、小林さんとジェイソン君になって実際に会話を考えて完成させましょう。

小林： ジェイソン君、ちょっといいかな。
　J　： はい、何でしょうか。

4 복습 (ふり返り)

▶ このケーススタディを通して、あなたはどんなことに気がつきましたか。

CAN-DO 체크리스트

				できない ←——→ できる
I 일본 회사에 입사하기	1 자기소개	就職活動の面接で、自己紹介できる		1 2 3 4 5
		自分の経歴を簡潔にまとめて話せる		1 2 3 4 5
		ビジネス場面にふさわしい表現が使える		1 2 3 4 5
		熱意が伝わる話し方ができる		1 2 3 4 5
	2 자기분석	自分にどんな仕事が適しているか、分析できる		1 2 3 4 5
		自分の長所・短所について話せる		1 2 3 4 5
		これまで一番頑張ったことについて話せる		1 2 3 4 5
	3 업계·업종·직종	業界・業種・職種の違いが理解できる		1 2 3 4 5
		自分の志望する業界・業種・職種が言える		1 2 3 4 5
		志望する業界の現状・展望について理解できる		1 2 3 4 5
	4 근무 조건	日本の雇用形態、勤務条件（給与・手当・福利厚生）が理解できる		1 2 3 4 5
		求人情報を読み、自分の希望に合うか判断できる		1 2 3 4 5
	5 자기PR	自分の強みが言える		1 2 3 4 5
		具体的なデータを用いて、強みをアピールできる		1 2 3 4 5
		強みを仕事にどう活かすかについて話せる		1 2 3 4 5
	6 지원 동기	志望動機が言える		1 2 3 4 5
		入社後に希望する仕事が言える		1 2 3 4 5
	7 이력서·송부장	履歴書・送付状の書式とルールが理解できる		1 2 3 4 5
		履歴書の必要事項を漏れなく書ける		1 2 3 4 5
		送付状の必要事項を漏れなく書ける		1 2 3 4 5
	8 면접 보는 법	入退室をマナーよく行うことができる		1 2 3 4 5
		面接で基本的な質問に答えられる		1 2 3 4 5
		面接後のお礼メールが書ける		1 2 3 4 5
	1 경어	「ウチ」「ソト」の敬語の使い分けができる		1 2 3 4 5
		ビジネス場面で使用される、改まった丁寧な表現が使える		1 2 3 4 5
	2 인사	出社・退社時などに基本的な挨拶ができる		1 2 3 4 5
		社外の人への挨拶や自己紹介および他者の紹介ができる		1 2 3 4 5
		挨拶に合った立ち居ふるまいができる		1 2 3 4 5

				できない ←——→ できる
Ⅱ 비즈니스 일본어 익히기	3	전화 받기	電話の取り次ぎができる	1 2 3 4 5
			状況に合わせた電話応対ができる	1 2 3 4 5
			復唱して確認しながら、正しく伝言を受けることができる	1 2 3 4 5
			適切な敬語表現とあいづちが使える	1 2 3 4 5
	4	전화 걸기	電話をかけ、取り次ぎを頼むことができる	1 2 3 4 5
			相手が不在の場合、伝言を頼むことができる	1 2 3 4 5
			留守番電話に伝言が残せる	1 2 3 4 5
			社内・社外の違いに応じた発信ができる	1 2 3 4 5
			適切な敬語表現とあいづちが使える	1 2 3 4 5
	5	전화로 약속 잡기	用件が正確に伝えられる	1 2 3 4 5
			相手の都合を確認しながら、日時を確認することができる	1 2 3 4 5
			適切な敬語表現を用いてアポイントが取れる	1 2 3 4 5
			アポイントの変更依頼ができる	1 2 3 4 5
			適切な敬語表現とあいづちが使える	1 2 3 4 5
	6	방문	受付で挨拶し、用件が伝えられる	1 2 3 4 5
			上座・下座を判断できる	1 2 3 4 5
			名刺交換ができる	1 2 3 4 5
			天候・ニュース・相手についての話題で雑談できる	1 2 3 4 5
			本題の切り出しと締めくくりができる	1 2 3 4 5
			来客を迎える際の基本的な応対ができる	1 2 3 4 5
	7	비즈니스 메일	社内メールと社外メールの基本的なルールが理解できる	1 2 3 4 5
			承諾のメールが書ける	1 2 3 4 5
			依頼のメールが書ける	1 2 3 4 5
Ⅲ 직장인 기본자세 익히기	1	보고·연락·상담	報告・連絡・相談の重要性が理解できる	1 2 3 4 5
			報告・連絡・相談の適切なタイミングと相手が判断できる	1 2 3 4 5
	2 3	사례 연구	仕事の現場で生じる問題について、当事者たちの気持ちや考えを推察できる	1 2 3 4 5
			問題解決策を見出すことができる	1 2 3 4 5

본서에 등장하는 인물 회사 등은 주기(注記)가 없는 한, 모두 가상입니다.

음성은 시사일본어사 홈페이지에서 다운로드 가능합니다.
「○月○日」 등으로 표기된 문장은 구체적인 숫자를 넣어 녹음했습니다.

교사용 지도서(指導者用手引き)는 교사분들께 제공되는 자료입니다. 시사일본어사 홈페이지 자료실에서 신청해 주세요.

별책의 「주요 어휘」는 기본적으로 본문 중에 등장하는 순서로 되어있습니다. 또한, 학습자의 편의를 고려해 중복된 단어도 그대로 실었습니다.

参考文献
- 独立行政法人 日本学生支援機構「外国人留学生のための就活ガイド2019」

参考サイト
- 入国管理局ホームページ
  「在留資格一覧表」

編著者紹介

編 者 学校法人長沼スクール 東京日本語学校
理事長 長沼一彦
http://www.naganuma-school.ac.jp/jp/

監 修 小島美智子（一般社団法人長沼言語文化研究所）

著 者 植木 香（特別コース教員）
共著：『改訂版 完全マスター1級日本語能力試験文法問題対策』（スリーエーネットワーク）
『実力アップ！ 日本語能力試験シリーズ N1～N3』（ユニコム）
『新日本語能力試験・高得点Passシリーズ 超級表現＋使える名句』（ユニコム）

木下由紀子（ビジネス日本語コース教員）
ACTFL OPI 日本語テスター資格取得者

藤井美音子（ビジネス日本語コース教員）
ACTFL OPI 日本語テスター資格取得者

翻訳 韓国語 趙恩馨（時事日本語社）　　イラスト　花色木綿
　　　　　　　　　　　　　　　　　　　　音声制作　高速録音株式会社

나가누마 스쿨
취업 & 비즈니스 일본어

초판발행	2018년 5월 18일
1판 5쇄	2023년 4월 30일
저자	우에키 카오리(植木香), 기노시타 유키코(木下由紀子), 후지이 미네코(藤井美音子)
책임 편집	조은형, 무라야마 토시오, 김성은
펴낸이	엄태상
디자인	이건화
조판	이서영
마케팅	이승욱, 왕성석, 노원준, 조성민, 이선민
경영기획	조성근, 최성훈, 정다운, 김다미, 최수진, 오희연
물류	정종진, 윤덕현, 신승진, 구윤주
펴낸곳	시사일본어사(시사북스)
주소	서울시 종로구 자하문로 300 시사빌딩
주문 및 교재 문의	1588-1582
팩스	0502-989-9592
홈페이지	www.sisabooks.com
이메일	book_japanese@sisadream.com
등록일자	1977년 12월 24일
등록번호	제 300-2014-31호

© 2018 The Naganuma School, Kokushokankokai Inc.

ISBN 978-89-402-9232-7 (13730)

* 이 책의 내용을 사전 허가 없이 전재하거나 복제할 경우 법적인 제재를 받게 됨을 알려 드립니다.
* 잘못된 책은 구입하신 서점에서 교환해 드립니다.
* 정가는 표지에 표시되어 있습니다.

長沼スクール「伸ばす！ 就活能力・ビジネス日本語力
日本で働くための「４つの能力」養成ワークブック」

취업 준비생과 새내기 직장인을 위한

나가누마 스쿨

취업 &
비즈니스
일본어

学校法人長沼スクール 東京日本語学校 編
小島美智子 監修　　植木香・木下由紀子・藤井美音子 著

해답・해설
주요 어휘
WORK SHEET

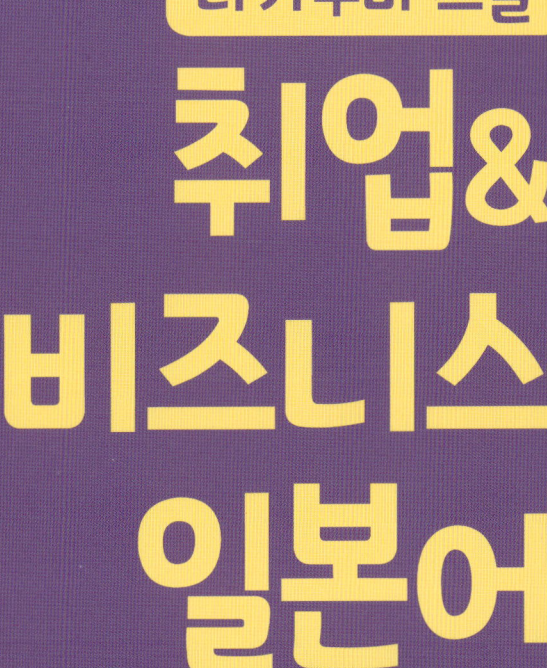

시사일본어사

나가누마 스쿨
취업 &
비즈니스
일본어

学校法人長沼スクール 東京日本語学校 編
小島美智子 監修　植木香・木下由紀子・藤井美音子 著

- 해답·해설 ▶
- 주요 어휘 ▶
- WORK SHEET ▶

시사일본어사

해답 · 해설

Ⅰ 일본 회사에 입사하기

4 근무의 조건 勤務の条件

2 고용 형태에 따른 근무 조건의 차이 　p.28

質問1　正社員、契約社員、一部の派遣社員
　　　（仕事内容や契約条件による）

質問2　雇用期間があるのが契約社員で、ないのが正社員。契約社員は契約を更新できれば勤務を続けることもできる。正社員は基本的に解雇されたり自分で退職しない限り、その企業で働ける。

5 자기 PR 自己PR

1 자기 PR 생각하기　p.32

経歴／自分の強み

6 지원 동기 志望動機

1 지원 동기 생각하기　p.36

なぜその企業に入りたいのか

8 면접 보는 법 面接の受け方

1 감사메일 작성법　p.56

해답 예

❶・貴社で働きたい
　・貴社で○○の仕事がしたい

❷・一日も早く仕事を覚え、貴社に貢献できる
　・お客様に喜ばれるサービスを提供できる
　・貴社の製品を世界に広められる

Ⅱ 비즈니스 일본어 익히기

1 경어 敬語

1 경어의 종류와 형태　p.62~63

確認問題
❶ b／a　　❷ a／b／a
❸ b　　　❹ a／a
❺ b／a　　❻ a／b
❼ b　　　❽ a／a

2 비즈니스에서 자주 사용되는 정중한 표현　p.64

① わたくし
② 御社／貴社
③ 弊社
④ ○○部の方
⑤ ○○部の者
⑥ どなた
⑦ 皆様／皆さん
⑧ どちら
⑨ こちら
⑩ 本日
⑪ 明日
⑫ 明後日
⑬ 先日
⑭ 先ほど
⑮ 後ほど
⑯ では
⑰ やはり
⑱ よろしいですか／よろしいでしょうか
⑲ いかがですか／いかがでしょうか
⑳ 申し訳ございません
㉑ 承知しました
㉒ 少々お待ちください

그 외 정중한 표현
❶ 調べますので　❷ 明日ですので
❸ できましたら　❹ 水曜日でしたら

3 바꿔 말하기 연습 p.65~66

장면 1

❶ (1) と申しますが
   (2) 本日
   (3) こちら
   (4) 参りました／伺いました
   (5) どちらでしょうか

❷ (1) しております
   (2) 拝見しました
   (3) 存じております
   (4) 思っております

❸ (1) お聞きしたい／伺いたい
   (2) あるのですが
   (3) よろしいですか／よろしいでしょうか

장면 2

(1) でございます
(2) 申します
(3) おります
(4) こちら
(5) おります
(6) お電話いたしました
(7) ご担当の方
(8) いらっしゃいますか
(9) 申し訳ありません
(10) おります
(11) では
(12) お戻りになりましたら
(13) お電話いただけますか
(14) かしこまりました
(15) では
(16) 者
(17) 戻りましたら
(18) お電話いたします

3 전화 받기 電話 受ける

4 전화 받기 퀴즈 p.80~81

問題1　① d　② f　③ e　④ c
　　　　⑤ a　⑥ b

問題2　❶ b　❷ a　❸ b　❹ b　❺ a
　　　　❻ b　❼ a　❽ b　❾ a　❿ a

問題3　❶ b　❷ a　❸ b　❹ b
　　　　❺ a　❻ a

5 롤플레이 <실전> p.82

해답 예

山川部長宛
・山川はただ今、席を外しておりまして……。
・{会議に出ておりまして／会議中でして}、11時に戻る予定です。

小林課長宛
・小林はただ今、{席を外しておりまして……／打ち合わせ中でして……}。

木村さん宛
・木村は本日お休みをいただいておりまして……。

田中さん宛
・田中はただ今、別の電話に出ておりまして……。

中村さん宛
・中村はただ今、{外出しておりまして／外出中でして}、12時に戻る予定です。

鈴木さん宛
・鈴木は出張中でして、来週月曜日に戻る予定です。

佐藤さん宛
・佐藤は二人おりますが、男性でしょうか、女性でしょうか。
・佐藤は二人おりますが、下の名前はおわかりになりますか。

佐藤さん（男性）宛	・佐藤はただ今、席を外しておりまして……。
佐藤さん（女性）宛	・佐藤はただ今、{外出しておりまして／外出中でして}、13時に戻る予定です。

4 전화 걸기　電話　かける

4 전화 걸기 퀴즈　p.90

問題1　❶ c　❷ b　❸ c　❹ b　❺ a

問題2　❶ 早朝、始業時間、昼休み、終業時間直前など
　　　❷ 夜遅く（に）／夜分（に）

5 전화로 약속 잡기　電話　アポイントを取る

4 롤플레이 <응용>　p.98

해답 예
〈名乗って取り次ぎを頼む〉
　渋谷日本語学校のトム・クラークと申しますが、人事部の木村様、お願いできますでしょうか。

〈用件を言う〉
　○月○日 15:00 に御社に伺うお約束になっておりましたが、その日に学校のテストが入ってしまったので、申し訳ありませんが変更をお願いできますでしょうか。

6 방문　訪問

2 회화 예　p.101

❶（上から順に）
　5／電話で連絡する／マナーモード

7 비즈니스 메일　ビジネスメール

1 비즈니스 메일의 기본　p.112

不適切な箇所（부적절한 부분）

・発信者のメールアドレス：Lovelove といったプライベートを感じさせるアドレスはビジネスにふさわしくない。
・件名：文章ではなく名詞止めの形がよい。
・宛名：㈱は省略形なので NG。「会社の正式名称＋部署名＋役職＋名前＋様」が正しい形。
・はじめの挨拶：「こんにちは」は改まったメールの挨拶としてふさわしくない。「初めてメールする」ということを書き、自分の所属と名前を名乗る。
・結びの挨拶：「ありがとうございました」はお礼で使う言葉で、問い合わせをする時には使わない。
・署名：絵文字はビジネスメールにふさわしくない。また住所、所属を必ず入れる。

正しいメール例 (올바른 메일의 예)

From :	tomclark@efg.co.jp
To :	info@shibuyacorp.com
件名 :	○月○日御社説明会の問い合わせ

(1) 株式会社渋谷物産　御中

はじめてご連絡いたします。
渋谷日本語学校のトム・クラークと申します。

今回、○月○日に御社の説明会があることを知りました。
ぜひ参加したいのですが、今からでも申し込みは間に合う
でしょうか。

お返事をいただけましたら幸いです。
お手数をおかけしますが、どうぞよろしくお願いいたします。
****
Tom Clark　（トム・クラーク）
渋谷日本語学校
ビジネス日本語コース　学生
〒154-0017　東京都世田谷区世田谷6-1
世田谷ハウス201号室
TEL　090-3333-4444
tomclark@efg.co.jp
****

(1) その他の宛名例
・株式会社渋谷物産
　人事部御中
・株式会社渋谷物産
　人事部　ご担当者様

3　비즈니스 메일의 예　　　　p.115

사외 메일과 사내 메일의 차이

① 部署名＋名前＋役職 (役職がない場合は、部署名＋名前＋様)
② いつもお世話になっております
③ お疲れ様です
④ ［部署名］の［名前］です

5 과제 2 지원 기업에 메일 쓰기　　　　　　　　　　p.117

❶ 承諾のメール例（승낙 메일의 예）

From: tomclark@efg.co.jp
To: yyamada@shibuyacorp.com
件名: (1)Re：面接日のご連絡

株式会社渋谷物産
人事部　山田様

お世話になっております。
渋谷日本語学校のトム・クラークです。

面接日のご連絡をいただき、ありがとうございました。
(2)〇月〇日13時で(3)承知いたしました。

何卒よろしくお願いいたします。
****
Tom Clark　（トム・クラーク）
渋谷日本語学校
ビジネス日本語コース　学生
〒154-0017　東京都世田谷区世田谷6-1
世田谷ハウス201号室
TEL　090-3333-4444

tomclark@efg.co.jp
****

(1) もらったメールの件名を変更しないほうがよい

(2) 確認のため、決定事項はくり返したほうがいい

(3) 「～に伺います」もよい
　　×「～で了解しました」
　　×「～でいいです」

❷ 日時の変更依頼のメール例 (일자 변경 의뢰 메일의 예)

From： tomclark@efg.co.jp
To： yyamada@shibuyacorp.com
件名： (1)面接日変更のお願い

株式会社渋谷物産
人事部　山田様

お世話になっております。
渋谷日本語学校のトム・クラークです。

面接日のご連絡をいただき、ありがとうございました。
申し訳ございませんが、(2)○月○日は学校の期末テストがありますので、他の日に変えていただくことは可能でしょうか。
(3)○月○日以外でしたら、いつでも大丈夫です。

お手数をおかけしますが、何卒よろしくお願い申し上げます。
****
Tom Clark　（トム・クラーク）
渋谷日本語学校
ビジネス日本語コース　学生
〒154-0017　東京都世田谷区世田谷6-1
世田谷ハウス201号室
TEL　090-3333-4444
tomclark@efg.co.jp
****

(1)「Re：面接日のご連絡」でもいいが、日時の変更は重要なことなので件名に入れるのがよりよい

(2) 変更依頼の理由を述べる

(3) 代わりの案を提示する

6　과제 3 자신의 상사에게 메일 쓰기　　　　p.117

依頼のメール例（의뢰 메일의 예）

From： tomclark@shibuyacorp.com
To： ogawa@shibuyacorp.com
件名： 来週のプレゼン資料チェックのお願い

(1) 小川課長

(2) お疲れ様です。
来週行うプレゼンの資料を作成しましたので、内容のチェックをお願いできますでしょうか。

資料は添付して送ります。
どうぞよろしくお願いいたします。

(3) トム・クラーク

添付ファイル　〇月△日プレゼン資料 Tomclark.ppt

(1) 同じ部署の場合は部署名不要

(2) 会社によっては使わない場合もある

(3) 署名は会社で形式が決められていたら、それを使う

III 직장인의 기본 자세 익히기

1 보고・연락・상담（報・連・相）

3 실전 연습 (TASK)　　p.123~124

해답 예

❶

1　問題点
プレゼンのスライドを課長に見せるのが遅すぎたこと。

2　その理由
どんなスライドを作るかアイディアを説明しないと課長の考えとのずれが生じる恐れがあるから。

3　改善方法
その週の金曜日ごろに、できたところまでを課長に見せて指示を仰ぐ。

포인트

2：課長は進捗状況や内容がわからないと不安になり、途中経過を聞きにくるかもしれないので、その前に行動する。
3：課長から呼ばれる前にスライドのアイディアを説明し、途中経過を報告すれば、あなたへの信頼感も増すだろう。

❷

1　問題点
得意先からクレームがあったことを上司に報告しなかったこと。

2　その理由
解決できたかどうかに関わらず、顧客からのクレームや問題は、早めに上司に報告しなければならないから。

3　改善方法
クレームの電話があった時点で上司に報告し、指示を仰ぐ。上司が不在で連絡をとることができない場合は、最善と思われる対応をしておき、できるだけ早く報告する。

포인트

2：クレームや問題の大きさ・重要性などについて、自分で勝手に判断してはいけない。

❸

1　問題点
自分勝手な判断をして、お客様の住所変更を会社に報告しなかったこと。

2　その理由
お客様の情報は会社の大切な財産だから。

3　改善方法
顧客に関する情報は、全社内で関わりのある部署と共有する。

포인트

2：会社によって顧客管理の方法は異なるが、変更があった場合は直ちに会社のルールに従って情報の変更をする必要がある。

❹

1　問題点
遅刻の連絡が始業時間を過ぎてからだったこと。

2　その理由
遅刻の連絡は、約束の時間や始業時間などよりも前にしなければならないから。

3　改善方法
遅刻の連絡は必ず始業時間の前にする（約束に遅れそうな場合も同様）。

포인트

2：後から連絡するのはNGなので、途中で電車を降りてでも連絡する。

❺

1　問題点
業務に関わる問題を、誰にも相談せずに、一人で悩み他の選択肢を考えずに「辞める」という最終結論を出そうとしていること。

2　その理由
一人だけで考えていると、いい考えが浮かばず、どうしたらいいかわからなくなることもある。

3　改善方法
仕事に関する悩みは、同僚や上司に相談してみる。

포인트

3：電話応対は日本人にとっても難しい。相談すれば、いいアドバイスをもらったり、サポートしてもらったりできるかもしれない。また、そのようなことを通して、いい人間関係が作られることもある。

2　사례 연구 ① ケーススタディ①

2　사례에 관해 토의하기　p.127~128

해답 예

❶
- 自分は尊敬されていない。
- 自分を無視した・自分を通り越して取引先と連絡を取ったことに腹が立つ。
- ヤンさんは日本での仕事のやり方を理解していない。

❷
- 叱られてショックを受けた・傷ついた・課長の対応にがっかりした。
- もう任せてもらっても大丈夫なのに、信頼されていない。
- 課長が何も言わずに出かけたのが悪い。

❸ よくない点
「十分においしい」「満足した」という言い方は上の立場から評価しているように聞こえるので不適切。

よい言い方の例
- 「料理もとてもおいしく、楽しい時間を過ごすことができました」
- 「料理も大変おいしかったです。本当にありがとうございました」

❹ 課長
問題点
- 自分の出した指示が部下に伝わっているか確認していない。
- いつ戻るか言わないで席を外した。

どうすればいいか
- 指示を変える。
  - 例「見せてから送ってね」
    →「書き終わったら見せてね」
- 席を外す時は、どこに行くのか、何時に戻るかわかるようにしておく。

ヤンさん

問題点

- 「メールがちゃんと書けた」と勝手に判断した。
- 上司の指示に従わなかった（見せずに送った）。
- 日本語力不足／自分の力に自信を持ちすぎている。

どうすればいいか

- 自分勝手に判断しない。
- 上司に見せるために帰りを待つ。
- 先に帰る場合は、書いたものを上司にメールしたり机の上にメモを残して帰る。
- 判断に迷った時は、周囲の人に相談する。
- 自分の力を過信せずに、日本語を学び続ける姿勢を持つ。

3 실전 연습 (TASK) p.128

해답 예

> 寺田課長
> 　N商事へのお礼メールを書きました。課長にメールで送りましたので、ご確認をお願いします。申し訳ありませんが、今日は約束がありますので、お先に失礼します。

포인트

先に帰る理由や、「申し訳ありませんが」などのクッション言葉があれば、相手への配慮を示すことができ、人間関係を円滑に保てる。

3 사례 연구 ② ケーススタディ②

2 사례에 관해 토의하기 p.131

해답 예

❶
- プライベートの時間のほうが大切だ。
- 仕事の一環と言っているのに、残業代が出ないのはおかしい。
- 歓迎会を開いてもらっても、お酒が好きではないので楽しめないだろう。

❷
- 金曜の夜に行えば、土曜日は休みなので皆が次の日の朝のことを気にしないでリラックスできる。
- 夜7時からなら皆の仕事もだいたい終わっているだろう。

❸ ジェイソン君

問題点
- 小林さんの気持ちや日本企業の慣習を理解しようとしない。
- 歓迎会を企画してくれた人たちの気持ちを考えていない。

どうすればいいか
- 日本で働いているのだから、日本企業の慣習を理解する努力をする。
- 他者の立場に立って考える努力をしてみる。

小林さん

問題点
- 日本の会社の慣習を外国人に押しつけようとしている。
- 金曜夜7時からの開催にこだわっている。
- 他のやり方を考えようとしていない（ランチタイムに簡単なパーティーをするなど）。

どうすればいいか
- 今までのやり方や価値観を押しつけず、他のやり方を取り入れる柔軟性を持つ。

3　실전 연습 (TASK)　p.132

❶ 회화 예 (小林＝K、ジェイソン＝J)

K：ジェイソン君、ちょっといいかな。
J：はい、何でしょうか。
K：この前話したジェイソン君の歓迎会なんだけど、やっぱり参加してもらえないかな？
J：金曜の夜は、プライベートの時間にしているんですが。
K：ジェイソン君の気持ちもわかるけど、歓迎会は今後の仕事をスムーズにするための有効な手段だと日本企業では考えられているんだ。今回だけでも参加してもらえないかな？
J：歓迎会って、そんなに重要なものなんですか。
K：そうだよ。一緒に飲んだり食べたりしながら話すことで、コミュニケーションも取りやすくなるし、日本企業ではそれが仕事でも活かされることが多いんだよ。
J：そうですか……じゃあ、日本では「郷に入っては郷に従え」って言うそうですから、参加します。
K：そうしてくれれば、営業部の皆も喜ぶよ。
J：わかりました。参加します。

기타 예 1

K：みんなはジェイソン君を歓迎したいという気持ちで会を開こうと思っているんだよ。なんとか参加してもらえないかな？

기타 예 2

K：じゃあ、たとえばランチタイムにみんなで食事をするというのはどう？

주요 어휘

주요 어휘

각 과의 주요 어휘를 정리했습니다.
암기를 마친 단어에는 체크하면서 확인해 보세요.

이 책의 지시문에서 사용된 단어

☐	清書 する	せいしょ	정서, 청서 / 정서하다, 깨끗하게 적다
☐	課題	かだい	과제
☐	ふり返り	ふりかえり	돌이켜봄, 되돌아봄, 복습
☐	模擬	もぎ	모의
☐	改善点	かいぜんてん	개선점
☐	模範解答	もはんかいとう	모범 해답, 모범 답안
☐	述べる	のべる	말하다, 진술하다
☐	詳しい	くわしい	상세하다, 자세하다

부문·직함으로 쓰이는 말

☐	部長	ぶちょう	부장
☐	課長	かちょう	과장
☐	営業部	えいぎょうぶ	영업부
☐	総務部	そうむぶ	총무부
☐	人事部	じんじぶ	인사부

I-1 자기소개

11p	☐	自己紹介	じこしょうかい	자기소개
	☐	就活	しゅうかつ	취업(구직) 활동, 취업 준비
	☐	経歴	けいれき	경력
	☐	学歴	がくれき	학력
	☐	職歴	しょくれき	직업 경력
	☐	簡潔な	かんけつな	간결한
12p	☐	在学 する	ざいがく	재학 / 재학하다
	☐	力を入れる	ちからをいれる	힘을 쏟다
13p	☐	出身国	しゅっしんこく	출신 국가
	☐	最終学歴	さいしゅうがくれき	최종 학력
	☐	専攻 する	せんこう	전공 / 전공하다
	☐	勤務 する	きんむ	근무 / 근무하다
	☐	熱意	ねつい	열의
	☐	御社	おんしゃ	귀사 (상대 회사를 높여 부르는 말)
	☐	活かす	いかす	살리다, 활용하다
	☐	貢献 する	こうけん	공헌 / 공헌하다
14p	☐	気持ちを込める	きもちをこめる	마음을 담다
	☐	基づく	もとづく	입각하다, 근거로 두다

I-2 자기분석

15p	☐	自己分析	じこぶんせき	자기분석
	☐	エントリーシート	エントリーシート	입사 지원서
	☐	履歴書	りれきしょ	이력서
	☐	面接	めんせつ	면접
	☐	強み	つよみ	강점
	☐	長所	ちょうしょ	장점
	☐	短所	たんしょ	단점
	☐	志向 する	しこう	지향 / 지향하다

19

16p	言語	げんご	언어
	専門	せんもん	전문
	資格	しかく	자격
	検定	けんてい	검정 (검정 시험의 준말)
	業務	ぎょうむ	업무
	ボランティア	ボランティア	자원 봉사
	部活動	ぶかつどう	동아리 활동, '部活'라고도 함
	特技	とくぎ	특기
	頑張る	がんばる	열심히 노력하다, 분발하다
17p	柔軟性	じゅうなんせい	유연성
	適応力	てきおうりょく	적응력
	落ち着き	おちつき	침착성, 차분함
	向上心	こうじょうしん	향상심
	コツコツ	コツコツ	꾸준히
	前向きな	まえむきな	긍정적인, 적극적인
	好奇心	こうきしん	호기심
	旺盛な	おうせいな	왕성한
	何事にも	なにごとにも	매사에, 무슨 일에나
	積極的な	せっきょくてきな	적극적인
	粘り強い	ねばりづよい	끈질긴, 끈기 있는
	慎重すぎる	しんちょうすぎる	지나치게 신중한
	せっかちな	せっかちな	성급한
	優柔不断な	ゆうじゅうふだんな	우유부단한
	頑固な	がんこな	완고한
	大ざっぱな	おおざっぱな	대충대충인, 덤벙대는
	心配性な	しんぱいしょうな	사소한 일에 고민하며 걱정하는
	お人好しな	おひとよしな	어수룩한
	理屈っぽい	りくつっぽい	따지기 좋아하는, 이론만 내세우는
	緊張しやすい	きんちょうしやすい	쉽게 긴장하는
18p	関心	かんしん	관심
	チャレンジ	チャレンジ	챌린지, 도전
	ペア	ペア	페어, 짝
	サポート する	サポート	서포트, 지지, 원조 / 서포트하다, 지지하다
	やりがい	やりがい	(하는) 보람
19p	接する	せっする	접(촉)하다
	取り上げる	とりあげる	집어 들다, 다루다
	マインドマップ	マインドマップ	마인드맵 (마음속에 지도를 그리듯 이미지화하여 정리하는 방법)
20p	前職	ぜんしょく	전직, 전에 가졌던 직업이나 직위
	見方	みかた	보는 방법, 관점
	ルーズ	ルーズ	허술함, 헐렁함
	乗り越える	のりこえる	극복하다

I-3 업계・업종・직종

21p	業界	ぎょうかい	업계
	業種	ぎょうしゅ	업종
	職種	しょくしゅ	직종
	企業	きぎょう	기업
	目指す	めざす	목표로 하다, 지향하다
22p	商業	しょうぎょう	상업
	金融	きんゆう	금융

22p	☐	保険	ほけん	보험
	☐	証券	しょうけん	증권
	☐	リース	リース	(장기간의) 임대
	☐	営業 する	えいぎょう	영업 / 영업하다
	☐	事務	じむ	사무
	☐	経理	けいり	경리
	☐	人事	じんじ	인사
	☐	製造	せいぞう	제조
	☐	商社	しょうしゃ	상사, 상사 회사
	☐	販売 する	はんばい	판매 / 판매하다
	☐	開発 する	かいはつ	개발 / 개발하다
	☐	調達 する	ちょうたつ	조달 / 조달하다
	☐	物流	ぶつりゅう	물류
25p	☐	就労 する	しゅうろう	취로, 취업 / 노동에 종사하다, 취업하다
	☐	就労ビザ	しゅうろうビザ	취업 비자
	☐	在留 する	ざいりゅう	재류 (객지에 가서 머물러 있음), 체류
	☐	属する	ぞくする	(어떤 범위 안에) 속하다
	☐	要する	ようする	요하다, 필요로 하다
	☐	基盤	きばん	기반
	☐	感受性	かんじゅせい	감수성
	☐	申請 する	しんせい	신청 / 신청하다
26p	☐	相性	あいしょう	궁합이나 성격이 맞음 (어울림)
	☐	絞り込む	しぼりこむ	수나 범위를 좁히다
	☐	仕組み	しくみ	구조, 짜임새
	☐	現状	げんじょう	현상(현재의 상태)
	☐	動向	どうこう	동향

Ⅰ-4 근무 조건

27p	☐	勤務条件	きんむじょうけん	근무 조건
	☐	求人	きゅうじん	구인
	☐	雇用形態	こようけいたい	고용 형태
	☐	福利厚生	ふくりこうせい	복리후생
	☐	保障 する	ほしょう	보장 / 보장하다
	☐	給与	きゅうよ	급여
	☐	手当	てあて	수당
28p	☐	役員	やくいん	임원
	☐	取締役会	とりしまりやくかい	이사회
	☐	取締役	とりしまりやく	이사
	☐	専務	せんむ	전무
	☐	常務	じょうむ	상무
	☐	監査役	かんさやく	감사
	☐	正社員	せいしゃいん	정사원
	☐	管理職	かんりしょく	관리직
	☐	非正規社員	ひせいきしゃいん	비정규사원
	☐	契約社員	けいやくしゃいん	계약사원
	☐	派遣	はけん	파견
	☐	請負	うけおい	하청, 도급
	☐	賞与	しょうよ	상여
	☐	社会保険	しゃかいほけん	사회 보험
	☐	週休2日制	しゅうきゅうふつかせい	주 5일제

28p	☐	有給休暇	ゆうきゅうきゅうか	유급휴가
	☐	満たす	みたす	만족(충족) 시키다
	☐	メリット	メリット	장점, 이점
	☐	デメリット	デメリット	단점, 불리한 점
	☐	昇格 する	しょうかく	승격 / 승격하다
	☐	昇給 する	しょうきゅう	승급 / 승급하다
	☐	キャリア	キャリア	캐리어, 경력
29p	☐	当てはまる	あてはまる	들어맞다, 적용되다
	☐	強制加入	きょうせいかにゅう	강제가입, 의무가입
	☐	厚生年金	こうせいねんきん	후생 연금
	☐	雇用保険	こようほけん	고용보험
	☐	労災（労働災害）	ろうさい（ろうどうさいがい）	산재 (노동 재해, 산업 재해)
	☐	差し引く	さしひく	빼다, 공제하다
	☐	年金	ねんきん	연금
	☐	介護 する	かいご	간호, 간병 / 간호하다, 간병하다
	☐	補償 する	ほしょう	보상 / 보상하다
	☐	採用 する	さいよう	채용 / 채용하다
30p	☐	基本給	きほんきゅう	기본급
	☐	試用期間	しようきかん	시용 기간, 수습 기간
	☐	就業時間	しゅうぎょうじかん	취업 시간, 근무 시간
	☐	祝祭日	しゅくさいじつ	국경일, 명절
	☐	忌引	きびき	상중 휴가
	☐	厚生年金	こうせいねんきん	후생 연금
	☐	雇用保険	こようほけん	고용보험
	☐	研修 する	けんしゅう	연수 / 연수하다
	☐	寮	りょう	기숙사
	☐	独身寮	どくしんりょう	독신자 기숙사
	☐	保養施設	ほようしせつ	보양 시설, 휴양 시설
	☐	額面	がくめん	액면
	☐	手取り	てどり	(세금 등을 공제하고) 실제로 받는 금액, 실수령액

I-5 자기 PR

31p	☐	自己PR	じこPR	자기 PR, 자기 홍보
32p	☐	身に付ける	みにつける	습득하다, 익히다
	☐	増す	ます	많아지다, 더해지다
33p	☐	成果	せいか	성과
	☐	自信を持つ	じしんをもつ	자신을 갖다
34p	☐	扱う	あつかう	다루다, 취급하다
	☐	店舗	てんぽ	점포, 가게
	☐	棚	たな	선반
	☐	レジ	レジ	계산대, 카운터
	☐	品切れ	しなぎれ	품절
	☐	補充 する	ほじゅう	보충 / 보충하다
	☐	心がける	こころがける	유의하다, 마음을 쓰다
	☐	先を読む	さきをよむ	앞(날)을 내다보다
	☐	姿勢	しせい	자세
	☐	取引先	とりひきさき	거래처
	☐	ニーズ	ニーズ	니즈, 필요성, 요구

I - 6 지원 동기

35p	志望動機	しぼうどうき	지망 동기, 지원 동기
36p	特長	とくちょう	특장, 특별한 장점
	社風	しゃふう	사풍, 회사 특유의 기풍
	共感 する	きょうかん	공감 / 공감하다
	理念	りねん	이념
37p	根拠	こんきょ	근거
	本気で	ほんきで	진심으로
	表れる	あらわれる	나타나다, 드러나다
38p	手頃な	てごろな	알맞은, 적당한
	魅力	みりょく	매력
	手に入れる	てにいれる	손에 넣다
	市場	しじょう	시장
	展開 する	てんかい	전개 / 전개하다
	発揮 する	はっき	발휘 / 발휘하다
	応募 する	おうぼ	응모, 지원 / 응모하다, 지원하다
	開拓 する	かいたく	개척 / 개척하다
	全力を尽くす	ぜんりょくをつくす	전력을 다하다

I - 7 이력서 · 송부장

39p	履歴書	りれきしょ	이력서
	送付状	そうふじょう	송부장
	書式	しょしき	서식
41p	パスポート	パスポート	패스포트, 여권
	貼り付ける	はりつける	붙이다, 부착하다
	アプリ	アプリ	앱, 어플
	角帽	かくぼう	사각모
	時系列	じけいれつ	시간순
	名称	めいしょう	명칭
	見込	みこみ	예정, 예상
	至る	いたる	이르다
	新卒	しんそつ	(그 해의) 새 졸업자
	～に応じて	～におうじて	~에 따라, ~에 맞게
42p	課する	かする	과하다, 부과하다
	遂行 する	すいこう	수행 / 수행하다
	重んじる	おもんじる	중요시하다, 존중하다
	所属 する	しょぞく	소속 / 소속하다
	やり取り する	やりとり	주고받음, 교환함 / 주고받다, 교환하다
	立案 する	りつあん	입안, 계획을 세움 / 입안하다
	携わる	たずさわる	관계하다, 종사하다
	挑戦 する	ちょうせん	도전 / 도전하다
	拠点	きょてん	거점, 활동의 근거가 되는 곳
	人材	じんざい	인재
	別紙参照	べっしさんしょう	별지 참조
	職務経歴書	しょくむけいれきしょ	직무 경력서
43p	免許	めんきょ	면허
	資格	しかく	자격
	取得 する	しゅとく	취득 / 취득하다

43p		人柄	ひとがら	인품, 사람됨
		空欄	くうらん	공란, 빈칸
		ブランク	ブランク	공백, 공란
		手書き する	てがき	글씨를 손으로 씀 / 글씨를 손으로 쓰다
		折れ曲がる	おれまがる	꺾여지다, 구부러지다
		控え	ひかえ	부본, 사본
44p		書類選考	しょるいせんこう	서류 전형
		打ち込む	うちこむ	열중하다, 몰두하다
		ゼミ	ゼミ	세미나, 발표회, 토론회
		(동사 기본형) 上で	～うえで	~데 있어
45p		同封 する	どうふう	동봉 / 동봉하다
		御中	おんちゅう	귀중 (우편물을 받을 단체·회사 등의 이름 뒤에 붙이는 말)
		部署	ぶしょ	부서
		-宛	-あて	-앞 (수신인, 수신 장소)
		ジョブフェア	ジョブフェア	공개 취직 설명회, 취업 박람회
		この度	このたび	이번, 금번 (今度의 격식차린 말)
		貴社	きしゃ	귀사 (상대편 회사를 높여 이르는 말)
		募集 する	ぼしゅう	모집 / 모집하다
		添付 する	てんぷ	첨부 / 첨부하다
		査収 する	さしゅう	사수 (잘 조사하여 받음) / 사수하다 (잘 조사하여 받다)
		機会	きかい	기회
		つけ加える	つけくわえる	보태다, 덧붙이다
		署名 する	しょめい	서명 / 서명하다
46p		郵送 する	ゆうそう	우송 (우편으로 보냄) / 우송하다
		用いる	もちいる	쓰다, 사용하다
		拝啓	はいけい	근계 (삼가 아뢴다는 뜻으로 편지 첫머리에 쓰는 말)
		敬具	けいぐ	경구 (삼가 아뢴다는 뜻으로 편지 끝에 쓰는 말)
		候	こう	계절
		初春の候	しょしゅんのこう	초봄의 계절
		早春の候	そうしゅんのこう	이른 봄 (초봄)의 계절
		陽春の候	ようしゅんのこう	따뜻한 봄의 계절
		新緑の候	しんりょくのこう	신록의 계절
		梅雨の候	つゆのこう	장마의 계절
		初夏の候	しょかのこう	초여름의 계절
		猛暑の候	もうしょのこう	폭염의 계절
		残暑の候	ざんしょのこう	늦더위의 계절
		初秋の候	しょしゅうのこう	초가을의 계절
		仲秋の候	ちゅうしゅうのこう	중추의 계절 (음력 8월)
		晩秋の候	ばんしゅうのこう	늦가을의 계절
		師走の候	しわすのこう	섣달의 계절
47p		計る	はかる	헤아리다, 재다
		在中	ざいちゅう	재중 (속에 들어 있음, 봉함한 봉투 겉에 쓰는 말)
		封をする	ふうをする	봉하다
		横書き	よこがき	가로쓰기
		右端	みぎはし	오른쪽 끝
		宛名	あてな	(편지·서류 등에 적는) 수신인명 (주소)
		堂々と	どうどうと	당당하게
		担当者	たんとうしゃ	담당자
		裏側	うらがわ	뒤쪽, 이면
48p		適する	てきする	알맞다, 적합하다

48p		加工 する	かこう	가공 / 가공하다
		入手 する	にゅうしゅ	입수 / 입수하다
		規格	きかく	규격
		フォーマット	フォーマット	포맷, 형식

I-8 면접 보는 법

49p		面接 する	めんせつ	면접 / 면접하다
		服装	ふくそう	복장
		入退室	にゅうたいしつ	입퇴실
		臨む	のぞむ	임하다
50p		ふさわしい	ふさわしい	어울리다
		身だしなみ	みだしなみ	몸가짐, 차림새
		清潔感	せいけつかん	청결감
		フケ	フケ	비듬
		アイロンをかける	アイロンをかける	다리미질을 하다
		派手な	はでな	화려한
		柄	がら	무늬
		濃紺	のうこん	짙은 감색
		無地	むじ	무지, 무늬가 없음
		細め	ほそめ	가느다람, 가늘
		控えめ	ひかえめ	조심스러움, 약간 적은 듯함 (절제됨)
		厚手	あつで	두꺼운 것
		メイク	メイク	메이크업, 화장
		胸元	むなもと	가슴 부위, 앞섶
		素足	すあし	맨발
51p		名乗る	なのる	자기의 이름을 대다
		控え室	ひかえしつ	대기실
		気を抜く	きをぬく	긴장을 늦추다
		むやみに	むやみに	무턱대고, 함부로
52p		伺う	うかがう	듣다, 묻다, 찾아뵙다, 방문하다 (겸양표현)
		案内 する	あんない	안내 / 안내하다
		一礼 する	いちれい	한 번 (가볍게) 인사함 / 한 번 (가볍게) 인사하다
53p		背筋	せすじ	등줄기, 등골
		伸ばす	のばす	펴다, 곧바르게 하다
		手前	てまえ	자기 앞, 자기에게 가까운 쪽
54p		黙る	だまる	말을 하지 않다, 입을 다물다
		ごまかし笑い	ごまかしわらい	얼버무리는 웃음
		ふりをする	ふりをする	~체하다, ~척하다
55p		悪口	わるくち	욕, 험담
		見直す	みなおす	다시 보다, 재검토하다
56p		原則	げんそく	원칙
		精一杯	せいいっぱい	힘껏, 온 힘을 다해
		取り急ぎ	とりいそぎ	급히, 우선 급한 대로
		図る	はかる	도모하다, 꾀하다

II-1 경어

59p		敬語	けいご	경어
		丁寧な	ていねいな	정중한, 공손한
60p		尊敬	そんけい	존경
		謙譲	けんじょう	겸양

60p	丁寧	ていねい	정중
	受身	うけみ	수동, 수동태
	多忙な	たぼうな	다망한, 매우 바쁜
	限る	かぎる	제한하다, 한정하다
	依頼 する	いらい	의뢰 / 의뢰하다
	拝見 する	はいけん	배견, 삼가 봄 (겸양표현) / 배견하다, 삼가 보다
	ご無沙汰 する	ごぶさた	오랫동안 격조함 / 오랫동안 격조하다 (뜸하다)
62p	来客	らいきゃく	내객, 방문객
	打ち合わせ する	うちあわせ	협의, 미팅 / 협의하다, 미팅하다
	承知 する	しょうち	알아들음, 승낙함, 동의함 / 알아듣다, 승낙하다, 동의하다
64p	改まる	あらたまる	새로워지다, 격식을 차리다
	締め切り	しめきり	마감
66p	配慮 する	はいりょ	배려 / 배려하다
	望ましい	のぞましい	바람직하다

II - 2 인사

67p	挨拶 する	あいさつ	인사 / 인사하다
	出社 する	しゅっしゃ	출근 / 출근하다
	退社 する	たいしゃ	퇴근 / 퇴근하다
	外出 する	がいしゅつ	외출 / 외출하다
	立居ふるまい	たちいふるまい	행동거지, 거동
68p	雑談 する	ざつだん	잡담 / 잡담하다
	指摘 する	してき	지적 / 지적하다
	謝る	あやまる	사죄하다, 사과하다
	会釈 する	えしゃく	(머리 숙여) 가볍게 인사함 / (머리 숙여) 가볍게 인사하다
	口調	くちょう	어조
	物音	ものおと	소리
	席を外す	せきをはずす	자리를 비우다
69p	御社	おんしゃ	귀사 (상대의 회사를 높여 이르는 말)
	弊社	へいしゃ	폐사 (자기 회사를 낮추어 이르는 말)
	役職	やくしょく	직무, 직책
	職場	しょくば	직장

II - 3 전화 받기

73p	電話応対	でんわおうたい	전화 응대
	取り次ぎ	とりつぎ	연결, 전달, 중개
	不在	ふざい	부재
	取り次ぐ	とりつぐ	연결하다, 전하다
	伝言 する	でんごん	전언, 말을 전함 / 전언하다, 말을 전하다
74p	承る	うけたまわる	삼가 듣다, 삼가 받다
75p	第一声	だいいっせい	제일성, 제일 처음 꺼내는 말
	保留 する	ほりゅう	보류 / 보류하다
76p	不確かな	ふたしかな	불확실한
	かけ直す	かけなおす	다시 걸다
	念のため	ねんのため	만일을 위해
77p	復唱 する	ふくしょう	복창 / 복창하다
78p	受け答え	うけこたえ	응답, 응수
79p	申し出る	もうしでる	신청하다, 자청하다
80p	売り上げ	うりあげ	매상, 매출
	直行 する	ちょっこう	직행 / 직행하다

페이지	단어	읽기	뜻
80p	直帰 する	ちょっき	현장 귀가 (퇴근) / 현장에서 바로 귀가 (퇴근)하다
	来社 する	らいしゃ	내사, 회사에 찾아옴 / 내사하다, 회사에 찾아오다
81p	指名 する	しめい	지명 / 지명하다
	大至急	だいしきゅう	몹시 급함 (서두름)
	折り返し	おりかえし	받은 즉시 곧, 즉각
82p	欠勤 する	けっきん	결근 / 결근하다
	出張 する	しゅっちょう	출장 / 출장가다
	外出先	がいしゅつさき	외출처
	帰社 する	きしゃ	회사로 돌아옴, 복귀 / 회사로 돌아오다, 복귀하다

II - 4 전화 걸기

페이지	단어	읽기	뜻
84p	在席 する	ざいせき	자기 자리에 있음 / 자리에 있다
	都合	つごう	상황, 형편
	内線	ないせん	내선
87p	留守電	るすでん	'留守番電話'의 준말, 자동 응답기
	納品 する	のうひん	납품 / 납품하다
	改めて	あらためて	다시, 새롭게
88p	先約	せんやく	선약
	問い合わせ	といあわせ	조회, 문의
89p	用件	ようけん	용건
90p	後日	ごじつ	후일, 뒷날
	出先	でさき	가 있는 곳, 출장지
	差し支える	さしつかえる	지장이 있다
91p	追加	ついか	추가 / 추가하다

II - 5 전화로 약속 잡기

페이지	단어	읽기	뜻
93p	訪問 する	ほうもん	방문 / 방문하다
	アポイント	アポイント	약속
95p	採用	さいよう	채용 / 채용하다
	前置き	まえおき	서론, 서두
	切り出す	きりだす	말을 꺼내다
96p	ふさがる	ふさがる	막혀 있다. 차 있다
97p	説明会	せつめいかい	설명회
98p	承知 する	しょうち	들어줌, 승낙함 / 들어주다, 승낙하다
	変更 する	へんこう	변경 / 변경하다

II - 6 방문

페이지	단어	읽기	뜻
99p	訪問 する	ほうもん	방문 / 방문하다
	名刺交換	めいしこうかん	명함 교환
	ふるまい	ふるまい	행동, 거동, 행동거지
100p	迎える	むかえる	맞이하다, 마중하다
	受け入れ	うけいれ	받아들임, 맞이
	応接室	おうせつしつ	응접실
	手土産	てみやげ	(방문할 때 들고 가는) 간단한 선물
	本題	ほんだい	본제, 본론
	締めくくる	しめくくる	매듭짓다, 결말짓다
	見送る	みおくる	배웅하다, 전송하다
	帰り際	かえりぎわ	돌아가려는 때
	手渡す	てわたす	건네다, 건네주다
101p	新規	しんき	신규

102p	切らす	きらす	다 쓰다, 없애다
	名刺を切らす	めいしをきらす	명함이 떨어지다
103p	召し上がる	めしあがる	드시다 (마시다, 먹다의 높임말)
	気遣い	きづかい	마음을 씀, 염려함
	恐縮	きょうしゅく	황송(송구)하게 여김, 죄송스럽게 생각함
	頂戴 する	ちょうだい	(윗 사람으로부터) 받음 / 받다
	小分け する	こわけ	소분, 작게 나눔 / 작게 나누다
	日持ち	ひもち	며칠이고 보존할 수 있음, 오래 감
	和らげる	やわらげる	부드럽게 하다, 누그러뜨리다
104p	貴重な	きちょうな	귀중한
105p	上座	かみざ	상석, 윗자리
	下座	しもざ	말석, 아랫자리
106p	名刺入れ	めいしいれ	명함집
	持ち歩く	もちあるく	들고(가지고) 다니다
107p	重ねる	かさねる	포개다, 겹치다
	もてあそぶ	もてあそぶ	가지고 놀다, 장난하다
	書き込む	かきこむ	써넣다, 기입하다
110p	役割	やくわり	역할

II - 7 비즈니스 메일

111p	ビジネスメール	ビジネスメール	비즈니스 메일
	署名 する	しょめい	서명 / 서명하다
	設定 する	せってい	설정 / 설정하다
	慣用的な	かんようてきな	관용적인
112p	箇所	かしょ	곳, 군데
	発信 する	はっしん	발신 / 발신하다
	差出人	さしだしにん	발신인, 발송인
	受信 する	じゅしん	수신 / 수신하다
	宛先	あてさき	수신인, 수신인의 주소
	件名	けんめい	건명, 제목
	本文	ほんぶん	본문
	宛名	あてな	수신인명
	結び	むすび	맺음, 끝맺음
113p	依頼 する	いらい	의뢰 / 의뢰하다
	お詫び する	おわび	사과 / 사과하다
	手数をかける	てすうをかける	수고를 끼치다
	何卒	なにとぞ	부디, 아무쪼록
	恐れ入る	おそれいる	황송해하다, 송구스러워하다
114p	ひと目で	ひとめで	한눈에
	つきましては	つきましては	그런고로, 이에
	詳細	しょうさい	상세
	箇条書き	かじょうがき	조목(항목)별로 씀
116p	文字化け	もじばけ	글자 깨짐 (텍스트 데이터를 해독할 수 없는 것)
117p	下記	かき	하기
	下記の通り	かきのとおり	하기(아래)와 같이
	承諾 する	しょうだく	승낙 / 승낙하다

III - 1 보고 · 연락 · 상담 (報 · 連 · 相)

121p	報告 する	ほうこく	보고 / 보고하다
	連絡 する	れんらく	연락 / 연락하다

121p	☐	相談 する	そうだん	상담 / 상담하다
122p	☐	共有 する	きょうゆう	공유 / 공유하다
	☐	遂行 する	すいこう	수행 / 수행하다
	☐	進捗状況	しんちょくじょうきょう	진척 상황
	☐	先輩	せんぱい	선배
	☐	部下	ぶか	부하
	☐	同僚	どうりょう	동료
123p	☐	得意先	とくいさき	단골 거래처
	☐	クレーム	クレーム	클레임, 불만
	☐	至急	しきゅう	지급, 매우 급함
	☐	出向く	でむく	(목적한 장소로) 나가다
124p	☐	遅延 する	ちえん	지연 / 지연하다
	☐	始業時間	しぎょうじかん	업무 개시(시작) 시간

III - 2 사례 연구 1

125p	☐	ケーススタディ	ケーススタディ	케이스 스터디, 사례 연구
	☐	当事者	とうじしゃ	당사자
	☐	ディスカッション	ディスカッション	디스커션, 토론, 토의
	☐	視野	しや	시야
	☐	解決策	かいけつさく	해결책
	☐	見出す	みいだす	찾아내다, 발견하다
126p	☐	上司	じょうし	상사
	☐	専門商社	せんもんしょうしゃ	전문 상사
	☐	取引先	とりひきさき	거래처
	☐	交渉 する	こうしょう	교섭 / 교섭하다
	☐	通訳 する	つうやく	통역 / 통역하다
	☐	翻訳 する	ほんやく	번역 / 번역하다
	☐	会食 する	かいしょく	회식 / 회식하다
	☐	下書き	したがき	초안
	☐	付き合い	つきあい	교제, 가까이 지냄
	☐	席を外す	せきをはずす	자리를 비우다
	☐	呼び出す	よびだす	불러내다, 호출하다
	☐	勝手に	かってに	함부로, 맘대로

III - 3 사례 연구 2

129p	☐	慣習	かんしゅう	관습, 습관
130p	☐	歓迎会	かんげいかい	환영회
	☐	業務	ぎょうむ	업무
	☐	拡大 する	かくだい	확대 / 확대하다
	☐	増員 する	ぞういん	증원 / 증원하다
	☐	配属 する	はいぞく	배속, 배치하여 소속시킴 / 배속하다, 배치하여 소속시키다
	☐	転職 する	てんしょく	전직 / 전직하다
	☐	声をかける	こえをかける	말을 걸다, 부르다
	☐	プライベート	プライベート	개인적, 사적
	☐	送別会	そうべつかい	송별회
	☐	一体感	いったいかん	일체감
	☐	一環	いっかん	일환
	☐	残業代	ざんぎょうだい	잔업 수당, 초과 근무 수당
	☐	援助 する	えんじょ	원조, 보조 / 원조하다, 보조하다
	☐	案の定	あんのじょう	생각한 대로, 예측대로

130p	駐在 する	ちゅうざい	주재 (직무상으로 파견되어 한곳에 머물러 있음) / 주재하다
	懇親	こんしん	간친, 친목
	設ける	もうける	마련하다
	溶け込む	とけこむ	녹아들다, 융화하다
	特別扱い する	とくべつあつかい	특별 취급 / 특별 취급하다
	従来	じゅうらい	종래 (이전부터 지금까지에 이름)
	雰囲気	ふんいき	분위기
131p	すれ違う	すれちがう	엇갈리다
132p	踏まえる	ふまえる	근거로 하다, 입각하다

23P 2. 업계의 종류

물건을 만드는 업계(제조업)	식품	물건을 파는 업계	백화점 · 슈퍼 · 편의점
	농림 · 수산		전문점
	건설	서비스를 제공하는 업계	부동산
	주택 · 인테리어		교통
	섬유 · 종이 펄프		운수(수송)
	화학 · 석유		외식 산업
	약품 · 화장품		호텔 · 은행 · 관광
	철강 · 광업		인재 서비스
	기계 · 플랜트 엔지니어링(설비관리)		교육
	전자 · 전기 기기		의료 · 복지
	자동차 · 수송용 기기		보안 · 경비
	정밀 · 의료용 기기	정보를 발신하는 업계	신문
	인쇄 · 사무 기기 관련		출판 · 광고
물건이나 돈을 움직이는 업계	은행		방송 · 통신사
	증권 · 투자 신탁 위탁		소프트웨어 · 정보처리
	생명보험 · 손해보험		통신 · 네트워크
	상사		인터넷 관련 기술

(독립행정법인 일본학생지원기구 발행 「외국인 유학생을 위한 취업활동 가이드 2019」를 바탕으로 작성)
원문을 한국에서 독자적으로 번역 (原文を韓国側で独自に翻訳)

24P 3. 업무의 종류

직종 계열 리스트

사무·관리직 계열
총무·인사·노무 경리·회계·재무 법무·심사·특허 물류·재고관리
무역사무·해외사무 일반사무·비서·접수처

기획직 계열
선전·홍보 조사연구·마케팅 기획·상품개발 경영기획

영업직 계열
영업(신규 개척 중심)·영업(기존 고객 중심) 영업 추진·판매 촉진

기술·연구직 계열
기초연구 응용연구·기술개발 생산·제조기술 품질·생산관리·메인터넌스(유지보수)
건축 토목 건설·측량·적산(공사비 산출) 시공관리 기계·전자기기설계

전문직 계열
MR 약제사 의료기사·간호사 영양사 복지사·간병인·가정봉사원(사회복지사) 보육사
강사·인스트럭터(지도강사) 경영 컨설턴트 IT컨설턴트 전문 컨설턴트
파이낸셜 어드바이저 번역 통역 아나운서

판매·서비스직 계열
판매사원·접객 점장 슈퍼바이저(관리자) 바이어 에스테티션(피부관리사)

금융직 계열
외환 딜러·트레이더(금융 매매 담당원) 융자·자산 운용 매니저 증권 애널리스트 액추어리(보험계리사)

크리에이티브 계열
편집·제작 기자·라이터(작가) 디자이너 게임개발자

IT 계열
프로그래머 SE(시스템 엔지니어) 네트워크 엔지니어 커스터머 엔지니어
시스템 보수 운용 시스템 컨설턴트 세일즈 엔지니어 커스터머 서포트(고객지원)

(독립행정법인 일본학생지원기구 발행 「외국인 유학생을 위한 취업활동 가이드 2019」를 바탕으로 작성)
원문을 한국에서 독자적으로 번역 (原文を韓国側で独自に翻訳)

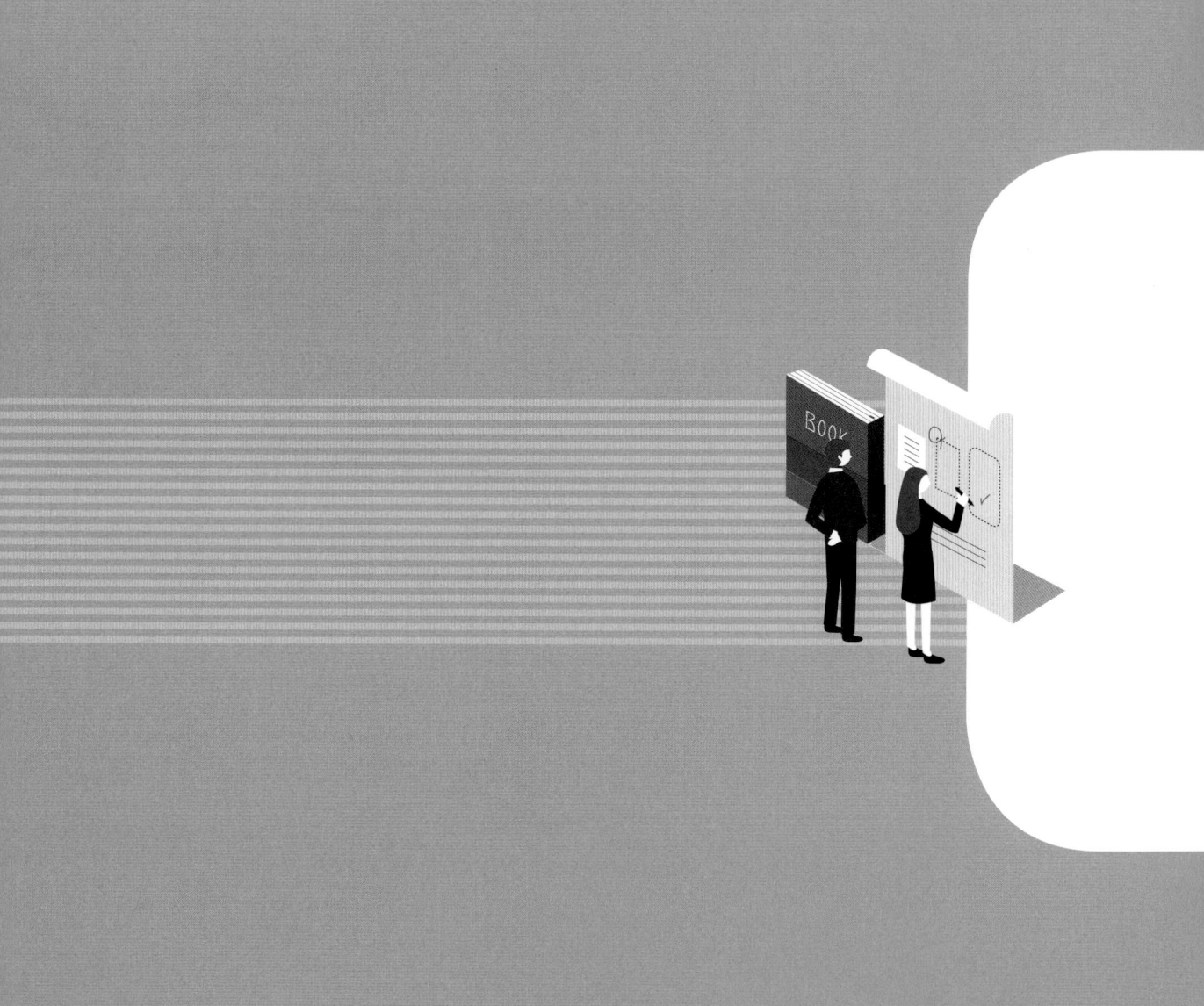

WORK SHEET

I 일본 회사에 입사하기

1 자기소개 自己紹介

WORK SHEET ①

＿＿＿＿＿年＿＿＿月＿＿＿日　名前＿＿＿＿＿＿＿＿＿＿＿＿

▶ 自己紹介を清書しましょう。(300字程度)

Ⅰ 일본 회사에 입사하기

2 자기분석 自己分析（じこぶんせき） WORK SHEET ②

　　　年　　　月　　　日　名前＿＿＿＿＿＿＿＿＿＿＿＿

▶ 次の1～3について、それぞれ１分以内（いない）で話せるように、まとめて書きましょう。

1 長所

私の長所は　　　　　　　　　　　　　　　　　　　　　ところです。

2 短所

私は少し　　　　　　　　　　　　　　　　　　　　　ところがあります。

I 일본 회사에 입사하기

3 これまでで一番頑張(いちばんがんば)ったこと

これまでで一番頑張ったことは、　　　　　　　　　　　　　です。

I 일본 회사에 입사하기

3 업계 · 업종 · 직종　業界・業種・職種

WORK SHEET ③

＿＿＿＿＿年＿＿＿＿月＿＿＿＿日　名前＿＿＿＿＿＿＿＿＿＿

▶ あなたが行きたい業界について調べ、まとめましょう。

志望する業界名	
その業界に興味を持った理由	
業界の現状	
業界の展望 （将来性や課題）	
興味がある企業名	

I 일본 회사에 입사하기

4 근무 조건 勤務の条件

WORK SHEET ④

＿＿＿＿　年　＿＿　月　＿＿　日　名前＿＿＿＿＿＿＿＿＿＿

▶ 自分の興味のある企業の採用情報を見て、まとめましょう。

会社名	
雇用形態	
職種	
給与	
休日	
社会保険	
福利厚生	
その他	

Ⅰ 일본 회사에 입사하기

5 자기 PR 自己PR

WORK SHEET ⑤

　　　　　年　　　月　　　日　　名前＿＿＿＿＿＿＿＿＿＿

▶ 自己PRを清書しましょう。

I 일본 회사에 입사하기

6 지원 동기 志望動機(しぼうどうき)

WORK SHEET ⑥

_____年 _____月 _____日 名前_____

▶ 志望動機を清書(せいしょ)しましょう。

志望業界(ぎょうかい)：_____ 志望企業(きぎょう)：_____

I 일본 회사에 입사하기

8 면접 보는 법　面接の受け方

WORK SHEET ⑦

＿＿＿＿年＿＿＿＿月＿＿＿＿日　名前＿＿＿＿＿＿＿＿＿＿＿＿＿＿＿

模擬面接　ふり返り

		できなかった ←　　　→ できた
❶	マナー 入退室時の動作や挨拶が適切だったか。	1　2　3　4　5
❷	質問 正しく理解できたか。	1　2　3　4　5
❸	応答 質問に合った答えが言えたか。	1　2　3　4　5
❹	日本語力 間違えずに正しく使えたか。	1　2　3　4　5
❺	発声 声の大きさは適切だったか。	1　2　3　4　5
❻	発音 正しい発音で話せたか。	1　2　3　4　5
❼	熱意 熱意が伝えられたか。	1　2　3　4　5

これからの課題　🚩 自分で気づいた点、他者からのアドバイスで気づいた点をまとめましょう。

指導者コメント

MEMO

MEMO

일본 株式会社 国書刊行会와 독점 라이선스

나가누마 스쿨

취업 & 비즈니스 일본어

- 해답·해설
- 주요 어휘
- WORK SHEET

Since 1977

시사 Dream.
Education can make dreams come true.

Designed by SISA Japanese